가장 낮은 곳에서

가장 낮은 곳에서

1쇄 발행   2025년 7월 25일

지은이   유민정   ⊙   디자인   유민정
펴낸곳   소도구
출판등록   제2021-000125 호(2021.9.2.)
블로그   blog.naver.com/sodogu_bookshop
이메일   sodogu_bookshop@naver.com
ISBN   979-11-975851-1-1 (03810)

ⓒ 2025, 유민정

* 이 책의 저작권은 지은이에게 있으며 무단 전재와 복제는 법으로 금지되어 있습니다.
* 잘못 만든 책은 구입처를 통해 바꿔드립니다.
* 이 제작물은 아모레퍼시픽의 아리따글꼴, (사)세종대왕기념사업회가 개발한 문체부 바탕체를 사용하여 디자인했습니다.

가장 낮은 곳에서

글을 사랑한 프리랜서 편집자의
작업 세태에세이

유민정 지음

● 소
　도구

■□ 들어가는 말 □■

여전히 낮게,
그러나 어두운 곳에서 밝은 곳으로

 글을 사랑하고 좇아 살아오는 내내 나는 다양한 방식으로 비참했고 힘들었다.

 이 책에 나는 스스로 선택해 글을 다루며 사는 사람으로서의 애환을 이야기로 담았다. 그러나 애환에서 그치는 것이 아니라 글의 미시성이 지닌 아름다움과 그 아름다움이 왜 주목받아야 마땅한지, 그 쓰임의 방향과 시선은 어디에 닿아야 할지를 고찰할 수 있는 세태에세이를 쓰고자 노력했다. 그러면서도 미래 편집자를 꿈꾸거나 글을 사랑하는 사람에게 나 개인의 추상적인 감상이 아니라, 그들이 또 한 명의 글 작성자, 감수자, 전문가로서 글에 대한 정의들과 가치관을 확립해 나갈 수 있는 이야기를 담고자 도모했다.

나는 순전히 지금까지 흘러 흘러 살아왔으므로, 앞으로 나의 직업이 또 무엇이 될지는 알 수 없지만, 그럼에도 책의 집필이 지연되던 시기 다시금 종이를 펼쳐 '프리랜서 편집자'란 가직함으로 글을 마무리 짓자고 생각한 건, 앞으로 나의 직업이 무엇이 되든 저 멀리서 글을 해석하고 정의하는 '나'라는 주체의 관점은 변하지 않을 성질로 공고하리라 자신하는 마음 때문이었다. 그러므로 이 안에 담긴 내 이야기와 뜻은 내가 살아 있는 한 변화할 수는 있어도 변질되거나 부정될 수는 없을 것이다.

이 책을 쓰다 말고 먼저 완성한 일상 에세이 <이건, 제목이 없는 게 제목이라서>에서도 줄곧 다뤘지만, 글을 사랑하고 좇아 살아오는 내내 나는 다양한 방식으로 힘들었다. 왜일지 글이 내게 제일 중요해 삶의 많은 것을 도태시켰고, 무엇보다 내가 도태되었다. 아무에게 내색하지 않았고, 기타 여러 이유로 지금까지 살아오는 게 쉽지 않았지만, 나의 죽음을 슬퍼할 몇 안 되는 천진한 사람들을 포함해 이 세상에 인간으로 나와 같이 모두 동일하게 이름 없이 태어나 나보다 더한 역경을 겪거나 그 어떤 역경이 오더라도 이를 부숴 살아 나아가려는 사람들의 훌륭한 태도 때문에 내 슬픔이 단 한 사람이라도 누군가의 앞길에 짐이 되거나 대체할 수 없는 슬픔이 되어서는 안 된다고 생각했다. 그럼 내가 진짜 벌을 받을 것 같았다. 그러면서도 글과 함께이거나 글을 다룰 때면 유일하게 무언가 해볼 수 있을 것 같았고, 때로는 행복했다.

행복한 이유는 그냥 행복해서다. 사실 내가 느끼는 행복은 사람들이 흔히 이해하는 행복과는 좀 다르다. 완전히 기쁘거나 만족하는 마음이 아니라 그저 약간의 안온함을, 운이 좋으면 한껏 팽창된 온전함을 '잠시' 체험한다는 의미다. 이것이 내가 글 안에 살 수밖에 없는 이유다. 이곳이 내 안온함, 나의 집이니까.

그런 내가 행복하려면 이 일을 해서 먹고는 살아야 하는데 내 글로는 그렇지 못했다. 그래서 글을 다루는 일들을 업으로 파생시켰는데 모든 산업이 그렇듯 이 분야에도 약간의 음지는 존재했다. 거기서 오는 좌절감이 또 있었다. 늘 그런 건 아니었지만, 논리도, 문장도, 가치도 망가진 원고를 자본의 논리에 따라 겉보기의 만듦새만 갖춰 대략적으로 솎아 내고, 욕망의 수단으로 책을 발화시키는 사람들의 뒤편에 관계되지 않은 척 서서 일할 때가 있었다. 글을 사랑하고 본위적인 관점에서 바라봐 왔던 내겐 다소 힘든 일이었다.

그러던 중 회사에서 나왔고, 일을 해야 하니 분야 제한 없이 다양한 글을 다룰 기회를 얻었는데, 많은 사람이 저마다 다른 주제로 쓴, 그러나 대부분은 어설프게 쓴 글들을 또다시 다루며 이번에는 그 안에서 그간 잘 몰랐던 일반적이고 폭넓은 글쓰기의 매력, 사람들이 지닌 보편적인 '쓰기의 욕망'을 발견했다. 그것은 너무도 무수한 사람이 **'자신의 이야기를 전달하고 남기기를 원한다'**는 것이었다. 흔히 말하듯 자신의 가죽 하나 남기지 못하고 살다 죽는 인간의 운명 앞에, 이건 좀 뭉클한 일이었다. 어쩌면 가죽 하나 남길 수 없기에 책으로라도 남기고 싶은 건지도 몰랐다. 그렇게 평범한 타인의 **보통의 글**을 본격적으로 다루며 내가 만난 '글 다루는 일의 매력'이 있었다.

첫째로 평소 내가 깊게 생각하지 않아온 분야를 조사하고, 생각하고, 더 나아질 방법을 함께 고민한다. 일을 통해 관심사가 다양한 분야로 확장되는 경험을 하고, 다양한 사람의, 삶의 '천태만상'을 대리 체험한다.

둘째로 작업에 만족하였다는 피드백과 나 자신의 느낌을 통해 '내가 꽤 글을 잘 쓰는 인간이구나' 뿌듯해진다. 스스로에게 느끼는 사회적 효능감이다.

말했듯 나는 사람들이 얼마나 글을 통해 자신의 이야기를 세상에 남기고 싶어 하는지를 깨달았는데, 어떨 땐 동시에 바로 그 때문에 숨이 턱턱 막히기도 했다. 크게 세 가지 경우에 그랬다.

첫째는 글을 쓰고 책을 만들겠다는 사람의 동인으로 '욕망'밖에 보이지 않을 때. 둘째는 책을 만든다는 사람이 글에는 아무 관심이나 가치 재고가 없을 때. 타인의 사상처럼 이미 존재하는 경구를 창공을 나는 새처럼 엮어 동일한 문장이 반복되는, 스스로도 공들여 읽어본 적 없는 듯한 글을 조합해 놓고 완성했다며 나에게 넘겨주어서(글은 내가 어떻게 바꾸든 관심을 가지지 않지만, 디자인 수정에는 무척 공을 들여서). 셋째는 소재나 관찰점이 괜찮거나 혹은 그 개인의 의미 깊은 글이어서 반가우나 언제나 그렇듯 돈이 되지 않아서(이럴 때 사실 글의 잘 쓰고 못 씀, 문장의 올바름, 정돈 수준, 전달하려는 정보의 수준은 내게 큰 문제가 되지 않았다. 진심으로 쓰인 글은 아름답다. 그래서 나는 개인적으로 이런 작업을 가장 사랑했다. 하지만 동시에 늘 힘들었다).

*

이 '들어가는 말'의 제목은 「여전히 **낮게**, 그러나 어두운 곳에서 밝은 곳으로」이다. 동시에 책의 제목 <가장 **낮은** 곳에서>에도 활용되는 '낮다'라는 단어의 의미는 내가 생각하는 글의 사회적인 위치이다. 이 책을 통해 글의 낮은 위치를 목격한 경험담과 함께 나의 목적이기도 한, 이 세상에서 낮은 글의 위치를 신장시키는 글을 쓸 것이다.

그러나 낮다는 것이 낮음으로써 동시에 '**보편**(땅)'의 의미를 띨 수 있다면, 글은 여전히, 그리고 영원히 낮은 곳에 머묾으로써 사람들의 삶을 보필해야 마땅할 것이다. 하지만 글이 목적과 욕망에 의해 과하게 수단화되고, 홀대받는 일부 분위기에 대해서는 완벽히 다른 시각을 제시하고 싶었다. 이 부분에서라면 나는 완전히 한쪽에 쏠린 채로 글을 비호할 것이다. 단순히 "논리적인 글을 써야 똑똑해지고 성공한다"라는 교육적 관점에서 문해력과 글쓰기가 중요한 것이 아니라, 사람의 삶을 받치고 영위하게 돕는 데 글의 역할이 분명히 존재한다고 믿어서다. 즉, 내가 이 책에서 중요하게 활용할 단어 '낮다'에는 두 가지 상반된 의미가 존재한다. 바뀌어야 할 '낮음'과 잘 유지되어야 하는 '낮음'.

*

'가장 미약한 것을 보호하는 것.'

이는 글의 본래 성질이자 가장 강력한 존재기반이다. 자신의 얘길 제대로 항변해 보고자 하는 사람이 뒤돌아 적는 것, 혹은 기억되어야 하나 자꾸 잊혀가는 이야기를 홀로 본분이라 믿고 기록해 남기는 것, 구두로 잘 전달한 후로도 필요한 질과 양이 절대적으로 부족했음에 각 잡고 돌입해 쓰는 것이 글이니 말이다.

그러므로 글 안에는 사람을 대상으로 쓰이나 첫 바탕으로는 기본적으로 아무도 듣지 않을 이야기 속에 담긴 미약한 아름다움이 있다. 사실 우리 사회에서 미약한 것은 대개 무쓸모한 것으로 여겨진다. 미약한 감정이나 이야기, 기능들은 그럴듯한 삶을 살아가는 데 도움이 안 된다고 여겨져 홀대받는데, 이것과 가속화되는 인공지능의 발전 때문에 글은 앞으로 계속, 어쩌면 지금보다 더 '낮은' 위치에 머물 공산이 크다. (이 '낮다'는 것이 꼭 우열이나 우위를 표현하는 단어는 아님을 이해해 주었으면 좋겠다. 어떤 산이 높거나 낮다고 해서 그 산의 모든 가치가 결정되는 것은 아니며, 단지 고저를 가리킬 뿐이다. 무엇보다 산의 초입이 산의 정상보다 언제나 더 많은 사람을 아우르며, 환영한다. 대부분의 사람에게는 그곳이 가장 편한 장소이기도 하다. 바쁜 일상과의 단절, 그로써 완전히 새로운 세계의 제시와 발동, 여기에 정상에의 가능성까지를 내포한 공간이 바로 산의 초입이니 말이다.)

게다 이렇듯 쉼 없이 바뀌는 문화, 발전이라는 경주마를 앞세워 지나치게 빠른 변화와 적응을 요하는 사회 분위기 속에서 깊은 글, 오래된 글이 가치의 지속성을 지니고 살아남기란 갈수록 어려운 일일 것이다. 그러나 글은 바로 그 자리를 위해 기필코 존재해야만 한다. 즉, 글은 언제나 낮은 보편의 위치에서 잔잔하게 사람의 삶과 함께 항해할 의무를 지니고 그렇게 쓰이나, 그 일상에서 사람들이 숨 쉬듯 활용하는 삶의 '보편 수단'이라는 희귀하지 않음에서 딸려 오는 상시성이라는 가벼움, 사용 범위와 주기의 넓음, 또한 사회에서 미약함을 깊이 아끼는 일이 불필요한 처신으로 여겨지는 바람에 늘 발에 차이듯 무심코 '낮은' 취급을 당할 뿐이다.*

그러므로 이 '들어가는 말'의 글제 속 「여전히 낮게」는 앞서 말한 두 의미로서의 '여전한 낮음'이 앞으로도 혼재할 것을 예견하는 표현이고, 전자의 '보편'의 의미가 후자의 '흔해서 아껴지지 못함'의 의미보다는 더 계속 지속되고 강화되길 바라는 마음의 표현이기도 하다.

---

*   이 책을 집어 든, 이미 책과 글의 너른 품을 이해하고 충실히 자신 삶의 안으로 받아들이고 살아가는 많은 사람은 내 말이 틀렸다고 생각할지도 모른다. 그러나 내가 글을 다루는 일을 의뢰 맡고, 그 일을 수행하는 실제 현실세계에서 잦게 느낀 글의 위치는 때로는, 그 가치가 꼭 우선순위로 지켜져야 할 것 같은 때에도 자주 높지 않았다. 그리고 이때의 높낮이는 사람들의 인식 안에서의 '시각적인 요소'보다 낮은 비중을 가리킨다.
고로 내게 이 책을 쓰게 만든 이유도, 사회에서 글과 언어의 위치가 비록 낮더라도, 낮은 게 현실이더라도, 적어도 글을 쓰고 책을 만들려는 사람들만큼은 그러한 인식으로 책을 출판하는 일에 접근해서는 안 된다는 이야길 하고 싶어진 것과도 맞닿아 있다.

하지만 이렇게 글이 내게 중요하다고 나의 입으로 이야기하면서도 이 에세이의 기반, 소재가 된 많은 경험도 때론 '낮은' 종류의, 좋지 못한 밀실작업들에서 태어났다. 먹고살려면 내 신념이 어떻든 버텨야 할 때도 있고, 이상적인 일만 할 수는 없다. 글을 다루는 작업은 글을 다루는 동안의 한시적인 책임은 내가 지지만 결과적으로 타인의 이름을 대리해 행해지는 경우가 많다. 당장 아무 서적이나 떠올려 봐도 교정자, 편집자, 번역자 등의 책임은 표기되지만 그 외 윤문자나 대필자의 영역으로 들어가면 큰 비중임에도 세세히 표기되지 않는 경우가 대부분이다. 나는 해당 작업이 진행되었거나 작업자가 따로 존재하는 경우, 이 분야가 엄격하게 구분되어 표기되어야 한다고 믿는다. 대필자의 경우, 책이 탄생한 한 존재를 크게 드러내지 않고 숨는 것이 관행이기도 하다.

나도 대필까지는 아니지만 리라이팅 개념으로 다른 사람의 글을 완전히 새롭게 써준 적이 있다. 평소 나라면 쓸 일이 없던, 관심이 적던 주제의 글을 열심히 써 내려가고, 자료를 조사하고, 내 글도 아닌데 완성됨에 뿌듯해했다. 그렇게 어떤 '글의 완성' 자체를 기쁘게 여기는 내 모습을 발견하곤 내 글도 써보자고 생각한 것이 시작이었다. 다른 사람의 글만 읽고 쓰고 고칠 것이 아니라, 내 글도 직접 쓰면 되지 않겠냐는 생각이 들었다. 만약 타인의 글을 합리적으로 잘 써주고 고쳐줄 수 있다면, 내 글도 잘 쓸 수 있으리라는 생각이 들었고, 곧 어렵지 않게, 꼭 이야기하고 싶은, 이야기해야 하는 많은 주제가 떠올랐다.

그렇게 소설가가 꿈이어서 내 이름을 단 글의 장르로는 옛적부터 소설밖에 상상해 본 적 없는 내가, 많은 사람이 내게 보여준 **일상적이며 폭넓은 글쓰기의 가능성** 안에서 지금의 책도 써보기로 결심했다. 타인의 글을 써주고 고쳐주던, 반복되던 나날들 속에서였다.

그러므로 정리하면, 글제 「여전히 낮게, 그러나 어두운 곳에서 밝은 곳으로」에서 '밝은 곳'이란 바로 지금의 이곳이다. 이 지면 위. 내가 해온 일에 대해 쓰려고 하는 이곳. 내가 경험하고 느껴온 것을 환한 종이 위에서 적고자 선 **이곳**. 이제는 이 밝은 곳에서 글에 관한 이야기를 마음껏 해보려 한다.

*

책 만들기는 상상 이상의 의지를 요하는 작업이었다. 그간 타인의 글과 책을 편집해 왔지만, 열심을 다했다고 생각한 것과는 달리 진짜

된 의미에서 내 모든 걸 투여해 행한 일은 아니었던 모양이다.

출간을 계획 삼아 아이디어를 강구하고, 그 골격에 다정히 기대 꼭지를 추가하고, 글을 취지에 어울리게 개조해 나간 건 인생에서 처음 해본 경험이었다. 그 사실과 시도들이 때로 너무 낯설고 생경했다.

본문 「7. 실패하고, 지적받더라도」에서도 말하겠지만, 사람은 누구나 자신이 잘하는 일을 사랑하게 되어 있다. 사랑해서 잘하게 되는 경우는 어쩌면 그다음 순리이다. 물론 '잘한다는 것'에 정도의 차이는 있겠으나 미약하고 낮은 재능이나마 존재한다면, 혹여 그걸 발견한 사람이 유일하며 자신뿐이라 하여도, 그 재능을 삶의 필연으로 만들고 싶은 게 삶 전체에 흩뿌려진 수 개의 가능성과도 맞바꿀 절실한 바람이라면, 꼭 자신이 가진 재능 이상의 높은 곳을 추구하고 가고자 바랄 것이 아니라, 그 미약하고 낮은 재능 안에서 어떻게든 그 재능을 활용할 방도를 찾아야 한다.

나는 그렇게 이 책을 쓰는 일을 택했다.

만약 이 책을 읽어주실 분이 계신다면, 그분께 내가 바라는 것은 다음의 몇 가지다.

세상의 뒤편에서,

감정의 돌파구이자 감정의 파고로서,

주장의 실체로서,

글을 사랑하고 보듬는 방법을 함께 배워가자고.

가장 작은 곳에서,

가장 크고 넓은 것을 이해하자고.

우리가 가장 낮은 곳에서,

가장 높은 곳에 오른 듯,

이 땅의 모든 미약함을 사랑하자고.

─ 2000년대의 한시적인 어느 날,

가장 미약한 곳에서, 가장 미약한 내가

* 목   차 *

[들어가는 말]

여전히 낮게, 그러나 어두운 곳에서 밝은 곳으로 ········ 4

Part 1.   <디자인과 글 사이에서 목격한 땅>

1. 사랑하지 않으면 할 수 없는 일 ················ 20
2. 사람들은 미시적인 것에 관심이 없다 ············ 34
3. 플러스 윤문이라며… ························· 53
4. 아무래도 감사한 일 ························· 64
5. 비 오는 날의 그림 ·························· 74
6. 디자인을 시작한 이유 ······················· 81
7. 실패하고, 지적받더라도
   (ft. 햇병아리 프리랜서의 삶) ················ 100

Part 2. <이 땅에 좋은 글이 필요한 이유>

8. 평소에 웃긴 사람과
   성공하는 개그 코너를 만드는 사람 ·········· 122
9. 미시적인 차이에서 우리의 재능을 발굴하자 ·· 136
10. 좀 더 인간답기 위하여
    살아남는 데엔 성공했으니 ·········· 164
11. 값싼 노동력의 투쟁 의지와 적절한 수단 ·········· 181
12. 가끔은 동의할 수 없는 책도 만듭니다만 ·········· 197

Part 3. <글 쓰는 자는 숨어 말하지 않는다>

13. 각 자들의 차이를 설명하시오 ········· 210
14. 번역자의 위치와 역할 ············· 220
15. 사랑하는 자는 은둔하지 않는다 ········ 231
16. 식물성을 삼킨 동물성 ············· 241
17. 작가와 편집자의 교집합, 글 ·········· 265

[나가는 말]
쓰임 있는 곳에 먼저 날아가는 새가 되어 ······· 275

디자인과 글 사이에서 목격한 땅

Part 1.

1. 사랑하지 않으면 할 수 없는 일

화장실에 갔을 때다.

문득 이러한 말이 떠올랐다.

"사랑하지 않으면 할 수 없는 일."

맞다.

이는 바로 지금 집에서 내가 하는, 허락된다면 앞으로 계속하려는 일을 가리킨다.

고등학생 때 문학 선생님은 공부가 힘들다며 지친 우리에게 말했다. "학생 때가 제일 행복한 거"라고, "어른이 되어보"라고, "진짜 힘든 건 그때 시작된다"고. 그 말을 듣던 나는 내가 그 말을 완벽히 이해했다고 생각했다. 아니었다.

나보다 먼저 서른이 된 사람들은 말했다.

"난 서른이 되면, 친구나 아는 동생을 차에 태우고 다니면서 드라이브도 하고, 먹을 것도 사주고, 많이 베푸는, 넉넉하고 잘나가는 사람이 되어 있을 줄 알았어."

내가 지금 주변 사람에게 이처럼 말하는 것은 아니지만, 나 역시 그들처럼 아무것도 이루지 못한 채로 서른이 됐다.

'돈 없이도 행복하게 사는 법', '많은 돈을 버는 부자가 되는 법'은 극과 극의 목표지만 가르치는 사람들은 같은 조언을 한다.
"사랑하고 좋아하는 일을 하라"고, 그게 아니면 "잘하는 일을 하라"고. 그럼 된다고, 살 수 있다고. "사랑하는 일을 하면 잘하게 될 것이고, 잘하는 일을 하면 사랑하게 될 것"이라고. 그러면 적어도 행복해지거나 먹고살 만큼의 돈은 벌 거라고. 운 좋으면 두 가지를 모두 이룰 것이라고.
혹은 '잘하는' 일과 '사랑하는' 일은 엄청난 별개의 분리된 영역이라서, 직업 세계에 발을 들일 때는 철저히 잘하는 일 위주로 선택하는 편이 자신에게도, 함께 일하는 직장 동료의 심신에도, 멀리 바라보면 사회나 국가 발전의 장기적 기여 정도에도 더 윤리적인 일이라고 조언하는 말까지도 들어봤다. 어찌 됐든, 어려웠다.

그래서 어쩌면 그토록 "그냥 내키는 대로 살라"라는 조언도 판을 치는지도 모른다.

하지만 요즘의 트렌드는 제멋대로 살면서도 '보란 듯이' 잘사는 것이다. 그리고 이는 세상의 판도를 많은 부분에서 바꿔놓았다. 이제는 세대 간의 차이에 따른 위화감보다도, 같은 세대 내 빈부나 자기실현 정도의 격차에서 기인한 위화감이 더 커지는 세상이다. 그렇기 때문에 내가 아주 어렸을 때만 해도 '대통령'이나 '과학자' 등의 거시적인 부분에 의미를 둔 장래희망이 주를 이루던 세상은, 이제는 '연예인', 나아가 '유튜브 크리에이터' 하는 식으로 개인의 자율적 삶의 양상을 중시하는 모습으로 변모해 간다.

*

내가 어떻게 흘러 흘러 여기까지 들어왔는지 사설을 좀 덧붙이자.
원래 내 꿈은 드라마 작가였다. 소설가로 바뀐 건 대학생 때 소설을 접하면서부터다. 내 삶의 기반, 내가 누르고 가지고만 살던 사건들, 나의 감정의 근간을 이룬 '그' 사건들, 문제적 인간(내가 가장 사랑하는 표현), 그 감정이 형상화되는 과정과 토로들, 그 모든 것이 소설 안에 **'있었다'**.*

'이거로구나!'

합법적인 불법.

처음에는 나만을 위한 소설을 썼다. 그만큼 괴로운 일과 감정이 많았다. 예전에는 이고 지고 살았고, 지금도 불쑥 '언젠가는 고쳐보리라' 하는 마음이 강하게 드는 내 소설이 그때 수준에서 더 나아질지는 모르겠지만, 최소한 윤리적인 태도는 갖춘 채 훗날 공개해도 공개하려 한다. 여기서 윤리적인 태도란 '태도로써 윤리적이고자 하는 노력', 절치부심이다. 더 정교해질 때까지 고쳐보고 더는 후회하지 않으려 한다. 재능이 없는 것까지 나를 원망하고 싶진 않으니까.

---

* 나는 내 글을 쓸 때나 다른 사람의 글을 교정할 때, '있다'라는 표현에 상징적인 무게를 두고 다룬다. 사람들이 글을 쓸 때 문장 안에 '있다'라는 표현을 너무 고민 없이 많이 넣어 쓰는데 심할 때는 한 문장 안에 두 번씩, 그것도 그런 문장을 연이어 쓰기도 한다. 의미 없이 입버릇처럼 딸려 나와 적는 것이다. 추후 본문 「16. 식물성을 삼킨 동물성」에서 자세히 이야기하겠지만, '있다'라는 표현은 그 대상이 '존재하는 실재'로서나 문장 내 기능 면에서 뚜렷한 의미를 지닐 때 되도록 사용하고자 하여, 일단 '있다'라는 표현을 보면 해당 문장 안에 꼭 필요한 요소인지 질문하고 확인하는 과정을 거친다.

당연히 사랑하는 일을 하기 위해 등단하려고 애도 무진장 써봤다. 실패했다.

사랑하는 일이 아니더라도 살아가려면 돈을 벌어야 해서 오직 '글 쓰는 시간'이 확보되고 담보되는 일만 찾았다. 정해진 시각에 마법처럼 퇴근 명령이 떨어지는 고객센터에서 그렇게 일해봤다. 오후 6시면 센터로 걸려 오는 전화 회선 자체가 차단돼 전화기가 울릴 수 없는 구조였으므로 그보다 더 칼퇴가 보장되는 일은 없었다.

모두 얼마 가지 못했다.

이번엔 사랑하는 일의 범위를 넓혀봤다.

출판사에 들어가기로 했다. 편집자 모집문에 쓰여 있길 "인디자인 가능자 환영"이란다. '인디자인'은 책 디자인 프로그램 이름이었다. 고로 '디자인 편집자'를 구하는 모집문이었던 건데 몰랐다. 바보같이. 그래서 디자인을 배울 수 있었다.

내 역량이 글을 다루고 그 안에서 소급되고, 미시적인 (그러나 무궁무진한) 이 세계에서 평안함을 느끼는 데 닿아 있다면 교정자나 첨삭자가 될 궁리를 했어야 하는데 늘 선택에 급급했다. 오만하게도 모로 가도 내 삶의 최종은 '작가'라고 생각했기에 어떤 일이든 상관없다는 마음도 있었다. 그래도 시간이 지나며 전에 한 일들보다는 더 내 정서가 확장되고, 모태가 건드려지는 일을 했으면 좋겠다는 작은 바람 정도는 생겼다. 꿈에 대한 별다른 결실 없이 몇 해 전에 비해 나이만 좀 더 들었기 때문이리라.

그렇게 국비지원으로 편집 디자인을 배운 다음, 작은 출판사에 입사했다. 책 디자인도 하고, 교정도 봤다. 국문학을 전공했고, 디자인 프로그램도 다룰 줄 알았기 때문이었다. 그래서 어떻게 됐냐고?

결론만 말하자면, 일을 하다 보니 글을 다루는 일의 진심이 제대로 인정받고, 그러기 위해 능력도 항시 기르고, 글이 귀하게 대접받고, 그러므로 나도 더 일에 헌신적으로 임하는 '선순환'을 꿈꾸게 됐다. 개인적으로 꿈을 꾼다기보다도 그게 옳은 일이었다. 모두가 글다운 글을 중요하게 생각해 함께 짓는 분위기가 형성되고, 글을 새로 쓰는 수준의, 상당 수준의 윤문이 실행된 경우 '윤문자'와 '대필자'의 이름이 당당히 작업자 영역에 표기되고, 그 일에 아이덴티티가 실림으로써 책임을 많이 지고, 내 손을 거쳐 나가는 원고들을 시간을 들여 더 제대로 다루고 싶었다.

기획된 원고만이 아니라 단순 출판 의뢰물 제작에 가까운 일까지 수행하는 이익 구조가 직선적인 작은 회사의 시스템 내에서는 어려운 일이었다. 한 땀 한 땀 글을 고치고 편집하는 일은 효율의 영역과는 친하지 않아서다. 특히 시간의 효율과는 척을 진 듯 맞지 않다.* 그래서 그 꿈을 위해 퇴사가 옳겠다고 적지 않은 시간을 생각했다.

내 이름이 '교정자', '편집자' 등으로 엄격히 구분, 표기돼 책에 실리지 않더라도, 애초에 질 좋은 원고가 아니어서 정성을 가해 다룰 여유나 명분이 없더라도, 글을 시스템 내의 시선과 차원으로 더는 바라보고 대하기 싫어졌다. 그러지 말자고 생각했다.

그러니까 꼭, 내 이름을 건 **내 글**의 작가가 되는 일만이 내가 사랑하는 글을 정성껏 다루고 투신하는 유일한 길은 아니었던 셈이다. 내가 구상해 본 적 없는 영역의 '재능'과 '사랑'이 결합된 모양의 일을 드디어 찾았다. **프리랜서 편집(교정)자.**

갈수록 주변에서 어렵지 않게 볼 수 있듯 이처럼 많은 사람이 글을 쓰고 책을 만들고자 하는 세상이라면 가볍게 솎아 내는 교정을 넘어 충분한 시간을 들여 원고를 가꾸고, 목차의 순서를 바꾸고, 자기 돈을 들여서든 투고에 성공해서든 만들겠다고 결단한 책이라면, 최소한의 가치를 파생시키고, 누가 읽어도 편하게는 읽히는 문장들

---

* 만약 시간의 효율, 표현이 효율이지 실제로는 '작업의 최소화와 내달림'을 제일로 두고 다뤄진 그때의 글들에 내 이름이 작업자로 선명히 실렸다면, 난 아마 직장에서 한 달도 못 버텼을지 모른다.

로 다듬자는 생각이었다.

이 이상(理想)에는 분명 '먹고사는 일'에 관한 문제의식도 포함되어 있었다. 내 월급은 아등바등 모으는 수준이었다. 그런데 일이 행복하지도 않고 중요한 건 점점 더 심각하게 고귀하지 않았다. 나는 안 고귀해도 내가 사랑하는 글에는 고귀한 목적이나 사회적, 그게 너무 큰 범주라면 적어도 글을 두고 합을 맞추는 이들끼리와는 가치의 합일이 존재하면 좋겠는데, 점점 책의 겉싸개를 둘러싼 힘겨루기를 할 뿐 그 속의 글은 뭉쳐지는 일이 반복됐다. 나는 이 패턴을 거스르고, 내 구상을 직업의 새로운 영역으로 발전시켜 보고 싶었다.

전문가가 돼서, 하나하나 제대로 된 문장으로 만지고, 모아서 제대로 된 원고로 만들고, 모르고 부족한 건 더 공부하고, 스스로 자랑스러워지고, 나를 알릴 정도로 강해지고, 내 사랑도 점점 더 커져서, 여기에 회사생활 하던 때만큼만 벌 수 있다면 더한 행복은 없을 거라 여겼다. 솔직히 말하면 그냥 윤리적으로 살고 싶었다.

물론 출판사라는 지지대 없이 활동하는 프리랜서의 한계 또한 명확할 터였다. 이 영역의 실질적인 수요를 파악하는 일부터 시작해 없다면 하나의 직업으로 만들어 수요의 영역을 창출 및 제시하는 건 또 다른 현실적인 문제라고 생각했다.

잠깐 해본 결과, 소소했지만 수요 부분은 노력한다면 확장 가능성이 있겠다고 판단했다. 이 책을 쓰겠다는 착안도 바로 내 문제의식을 제시하고 넓게 공유하자는 마음이 시작이었다. 처음 소설가를 꿈꿨던 그때처럼 **다시** 하고 싶은 일이 생겼다.

직장생활을 이어가고 싶은 마음도 있었지만, 때라도 맞춘 듯 건강에도 무리가 왔다. 당연한 영원함, 편안함의 항상성은 없다는 걸 늘 지녔다 믿은 건강을 통해 또 한 번 깨달았다. 하고 싶던 일이 스스로 구상을 시작해 떠오르던 마당이니 신체적 스트레스와 그로 인한 정신적 부하까지 함께 감당할 명분이 사라졌다. 꿈꾸는 바가 있어 마음이 급하기도 했다. 그렇게 퇴사했다.

*

그리고 퇴사 3개월 차에, 근근이 들어오는 원고 작업을 하다 화장실에 갔을 때 문득 앞선 생각을 했다는 것이다.

'사랑하지 않으면 할 수 없는 일.
나는 바로 그 일을 하고 있구나.'

혼자인 집 안을 깨끗한 적막과 고요가 감싸고 있었다. 마치 처음부터 늘 이곳에 함께 존재해 왔으나 너 혼자 모르고 있어왔던 것이라 말하듯이. 문은 주방을 향해 활짝 열린 채였다. 머리 위 백색 등은 홀로 창백했다.

'노력 이하로 남는 게 적더라도 제대로 일하기.'
그다음 목표는, '제대로 받은 만큼 제대로 일하기'.

글을 다루는 일의 작업수가는 기본적으로 높지 않다. 의뢰하는 사람들은 전문가를 찾아놓고 막상 이 일이 그다지 고매한 전문성을 지녔다고는 여기지 않는 듯했다. 자본주의 사회에서 이는 협의를 통해 책정되는 작업료의 평균으로 드러난다. 하지만 첫 시작의 내 방점은 먼저 '제대로' 일하는 것에 놓여 있었다.

시간이 지나며, 나만 아는 자긍심이 남몰래 조금씩 쌓였다.

*

세상엔 사랑해야만 할 수 있는 일이 있다. 이 말인즉 사랑하지 않아도 할 수 있거나 어쩔 수 없어 하는 일이 훨씬 많다. 좋아하는 편이

긴 하지만 사랑까지는 무리라거나 '아무래도…' 싶은 일도 있다. 사랑은 애정의 최상위 단계고, 그 사랑의 각기 다른 대상에 관한 단어만 동일한, 너무나도 고유한 정의인 탓이다.

여기서 글의 업(業)은 명확히 전자에 해당한다. '사랑해야만 가능한 일.' 사랑하지 않으면 선택하지도, 선택할 수도 없는 일. 글은 마치 사랑과 한 몸처럼 엮여 있다. 사랑 없이 글을 다루기란 불가능하다.

이 일은 미시적인 세계를 탐사하고 헤매는 일이다. 한 문장이 제안하는 작은 세계 세계에 갇혔다 빠져나오는 일. 일하는 사람의 자체적인 목적, 신념, 체제가 없으면 시작할 수도, 오래 하며 머물 이유는 더더욱 없다. 언어라는 방대하지만 지나치게 작은 이 세계를 계속해서 표류하며 헤맬 이유가 전혀 없는 것이다.

먼저, 교정을 잘하려면 작은 단어도 늘 검색하는 습관을 들여야 한다. 그렇대도, 세상의 모든 단어는 외울 수도, 알 수도 없다. 어떤 단어는 그다지 관습적이지 않은 듯한데 한 단어로 굳어 있고, 어떤 단어는 존재한다고 믿거나 혹은 적지 않은 사람이 한 단어라고 생각해 이미 일상에서 많이 붙여 쓰는데도 사전에 등재되어 있지 않다. 그게 우리말을 알아가는 과정의 묘미이기도 하지만 삶이 그렇듯, 사람이 정한 문법이나 맞춤법에도 어느 정도 한계나 불효용, 모순은 존재한다. 붙여쓰기나 띄어쓰기는 늘 원칙과 허용의 경계에서 아스라이 팔랑거린다. 반면, 문법이나 맞춤법의 불관용, 현실과의 괴리를 탓하기 이전에 논리적인 모순을 가진 문장은 "상상 이상"으로 많다.

그 미묘한 차이를 눈이 터질 듯 들여다보고, 이해하고 고쳐내는 데서 재미와 만족, 편의와 불편을 느끼고, 오밀조밀한 글자 속을 탐사하며 십수 개의 의미로 조립하거나 해체해 낸다. 독방에 갇힌 것처럼. 아무도, 누구의 신경도 끌지 못하는 듯한 낮은 위치의 외로운 글, 가장 미시적인 이 세계를 혼자 심각하게 바라보고, 문제를 발견하고, 발견했으니 제거하고, 더 나은, 정확하거나 올바른 표현들을 찾아 바꾸어 낸다. 다 무슨 의미냐고 묻는다면, 세상을 지탱하는 것은 이러한 작은 약속들이고, 그 작은 약속들의 실천으로 그나마 사회와 민족, 역사가 여기까지 이루어져 왔기 때문이라고 말하련다. 더 정확한 표현이 더 나은 사회를 만들고, 삐뚤어졌거나 기운 사고를 정립할 기반이 됨을 믿는다고 말이다.

지나치게 미세한 어감의 차이나 리듬감 때문에 같거나 비슷한 의미의 단어, 또는 조사를 몇 번씩 번갈아 바꿔 끼우기도 한다. <햄릿>의 명대사에 비유하면 "있거나 없거나, 그것이 문제로다!"라는 태도로 요소를 뺐다 넣었다를 반복한다. 전체적으로 말끔해진 글을 보며 의뢰자는 "오!" 하며 만족하지만, 그 안에 숨은 팡파르처럼 설계된 미세한 표현의 차이나 꼭 수정이 필요하다고 여긴 숱한 나의 당위들은 나만 아는 기쁨이자 작업이 끝난 후 다시금 글에 대한 찬미로 이어진다.

물론, 어떤 일을 하든 성실함은 중요한 덕목이다. 이 일로 치환하면, 세상에 존재하는 모든 단어를 알 순 없다는 전제하에 사전을 뒤져 보는 성실함은 어느 분야에서 일하는 누구나 노력으로 갖출 수 있다. 질릴 때까지 교정한 글에서 '큰일 날 뻔했네!' 싶은 진땀을 마르지 않게 하는 실수를 발견하는 지루한 반복도 어느 분야의 누구든 성실하면 견딜 수 있다. 하지만, 성실함은 노력과 인지로 갖출 수 있는 반면 요청한 적 없이 홀로 우러나오는 사랑은 그렇지 않다.

사랑 없이 성실함만으로 종사 가능한 일은 이 땅에 많다. 하지만 직업에 대한 애정도를 "일이 가리키는 대상에 대한 직접적 사랑의 유무"로 가늠 짓는다면, 나는 왜 그 무수한 사랑의 영역 중에서도 굳이 교정자나 윤문자로 글을 사랑하는 일을 택해야만 했느냐는 질문을 지금 내게 귀결시키는 것이다.

과연 이 일을 성실함만으로 이어갈 수 있을까?

처음 봤거나 몇 번 안 본 사람에게 눈이 뻑 가 간 쓸개 다 빼줄 궁리부터 하듯 눈에 콩깍지가 씌는 과정을 반드시 거쳐야 한다. 내가 선택한 적 없이 나는 그 과정을 거쳐왔다. 곧, 그 **존재**를 알게 되었을 때 그 **당위**는, 사랑이라는 크나큰 이름으로 멀끔히 내게 찾아왔다. 말하자면 이 세계는, 자체가 사랑으로 구성된 방과 같다. 알았다. 노력으로 갖출 수 있는 많은 것이 있지만, 사랑도 그중 일부이지만, 어떤 사랑은 이미 갖춰진 채 나타난다. 성장된 사랑으로 내 안에 기거하다, 자신을 드러낸다. 이건 노력으로는 지닐 수 없다.

그 사랑이 얼굴과 몸집을 드러내고 발산을 시작하니 이 세상의 그 무엇도, 그 어떤 어려움과 힐난도, 나를 막을 수 없었다. 사랑하니 최선으로 잘하고 싶고, 부족해도 노력해서 어떻게든 지고 나가겠다는 마음이었다.

사랑.

뒤이은 성실함.

사랑이 불러일으키는 호된 명령.

나는, 오늘도, 그 앞으로 간다.

2. 사람들은 미시적인 것에 관심이 없다

프리랜서 시장으로 막 나왔던 내게(엄밀히 말하면 명백히 나온 것도 아니요, 정착하고자 노력했던 것도 아니요, 그냥 부유하는 편에 가까웠다) 친구가 물었다.

- 친구 : "'숨고' 몰라?"
- 나   : "응."

지금 회사도 안 다니면서 돈을 벌려면 이 사이트에 가입하지 않고 뭐 하냐는 게 대화의 주제는 아니었고, 친구가 자기소개서 첨삭을 원해 숨고에서 재능을 어필하는 작업자들의 이력서를 맹렬히 받던 중이었다.

난 당연히 그 사이트를 몰랐다. 왜냐.

① 글은 내가 잘하든 못하든 평생 다뤄온 것이다.
② 그래픽 디자인 툴도 기본적인 사용법은 안다.

글과 **디자인**. 요즘 사는 데 필수로 필요하고, 살며 한 번쯤 타인의 도움을 빌릴 필요성에 직면하는 이 두 분야에서 누군가에게 손 벌릴 걱정은 안 해도 된다. 게다 그동안은 직장에 다녔으니 프리랜서 마켓의 동향을 알 필요도 없었다. '숨고' 이전에 '크몽'까지가 내 최신 동향이었다.

그날 숨고를 모르냐고 물은 친구의 핸드폰을 내려다봤을 때, 친구는 대략 작업자 10명의 견적서를 받은 채였다. (최종은 15개였단다.) 그런데 견적서가 속속들이 들어오는데도 친구는 그걸 직접 확인해 본다거나 답장을 하려는 게 아니고, 그저 상황을 가만히 지켜보는 것이었다. 그때 친구의 "이 사람도 꽤 괜찮네…, 조금 더 받아봐야겠다!"라는 홀가분한 말이 무슨 뜻인지 전혀 몰랐다.

그 뒤, 나 역시 요즘 대세라는 그곳에 입문했다.

직접 시작해 보니, 다른 재능마켓과 달리 숨고는 일종의 경매 형식 플랫폼이었다. **견적 경매(競買)**.

구매자가 필요한 재능의 카테고리를 선택하고 반경이 커다란 SOS를 보내면, 해당 분야의 두문불출하던 숨은 고수(일명 '숨고')들이 자신만의 무술을 뽐내며 전국 각지에서 등장한다. 그들의 업무 기술이나 약력, 마음가짐도 무술 안에서 뽐내지긴 하지만, 가장 중요한 건 견적이라는 토르의 망치다. 그 망치가 가장 거센 목소리로 "나 여기 있어요!", "날 좀 뽑아주세요!"라고 외친다. '10,000원', '20,000원', '80,000원', '100,000원'…….

미래의 구매자들 역시 무림의 고수처럼 함께 은신한 채 잠잠히 속속들이 도착하는 견적가를 멀찍이 넘겨보며(견적'가'를 클릭해야 세부 설명이 담긴 견적'서'와 함께 서로의 존재가 드러날 채팅창의 입구가 열린다!), 어떤 작업자에게 **말을 걸어** 작업을 진행할지를 타진한다. 이 과정에서 견적서를 조금 늦게 발송하거나 견적가(가격 경쟁력)에서 뒤처지면 견적서가 아예 열리지, 그러니까 클릭되지 않는 경우가 많다.

이용객들은 '어떤 작업에 대한 견적서를 발송할 정도면 아무렴 상대가 숨은 고수가 맞겠거니' 생각하거나, 사이트가 고수들의 신원을 보증했다고 믿는다. 맹목적인 믿음이다. 일차로 중요한 건 '누구냐'가 아닌 한 줄의 '견적가'고, 그 관문을 넘어선 다음이 한 장의 '견적서'다. 무엇보다 발송 속도에서 밀리면 견적서는 **영원히** 열리지 않는다.

곧, 나도 그 자리에 놓였다.

새벽 수산시장을 떠올려 보자.

바다에서 갓 건져 올려진 활어들이 바구니에 담긴 채 팔딱이며, 아직 꿈인지 생시인지, 미처 떼어내지 못한 바닷속의 푸른 꿈을 간직한 채로 마지막 몸부림을 쳐대지 않는가. 딱 내 모습이었다.

견적을 보내도, 읽지 않거나 읽은 뒤 답이 없었다. 그래도 초창기에는 클릭해서 읽는 비율이 높았지만, 갈수록 읽지 않는 사람이 늘어났다. 시스템적으로, 견적을 보냈고 답이 없으면 경쟁에서 밀린 것이라 해석하면 된다. 아님 당장 진행할 만큼 급한 용무가 아니었거나. 난 가격이란 피켓을 들고 경매에 참여하는 룰을 따르고, 내가 내건 가격이 구매자의 예산에 부합하지 않으면 속전속결 탈락이다! 그런데 여기서 숨고는 상담 대화 과정이 전부 무료인 다른 플랫폼과는 달리 나의 존재를 알리는 견적서 발송 자체에 돈이 들어 문제였다.

물론 견적서를 보내면 작업자(숨은 고수)는 먼저 생성된 채팅방에 혼자 입장해 목청껏 더 적극적으로 이 말 저 말을 붙여볼 수도 있다. 그러나 애초에 내가 내건 **가격**이 구매자의 마음에 들지 않는다면, 아무리 대화를 걸든 그는 채팅방을 클릭해 **입장**하지는 않을 것이다. 발송 타이밍이 너무 늦어도 클릭되지 않는 것으로 보아 견적가와 발송 타이밍이 가장 중요하고, 그다음이 약력과 채팅 상담의 매끄러움이 아닐까 한다. 역으로 상상하면 이해하기 쉬운 메커니즘이다.

만약 여러분이 특정 분야의 일을 수행해 줄 작업자를 구하는데 고용의사를 밝히자마자 얼굴도 이름도 모르는 이들에게서 작업비용이 크게 명시된 견적서가 도착한다. 5만 원, 7만 원, 8만 원, 15만 원, 17만 원, 20만 원, 25만 원…. 7개다. 세부적인 조건과 비용 조율은 견적가를 클릭한 후의 얘기다. 일단은 가격만 떠 있다.

누구라도 가장 빠르게 도착했거나 5~7만 원의 견적을 내민 사람에게 먼저 흥미가 가지 않겠는가? 퀄리티를 중시한다면 너무 낮은 가격도 믿음이 안 갈 수 있다. 하지만 그런 경우라도 17만 원 이상의 가격은 **클릭조차** 안 될 가능성이 크다. 여기서는 차라리 그렇게 완벽히 외면받는 편도 나쁘지 않다. 역설적이게도, 클릭되기 위해 공들여 써 보냈건만 클릭되지 않은 경우에 한해 견적서 발송비용이 캐시로 재적립되기 때문이다.* 이런 걸 '형평성'이라 볼 수 있는 걸까. 한마디로 구매자는 가격 선택지 위에서 전지전능하나, 그들이 사전에 작업자에 대해 견적가 외에 알 수 있는 건 정말이지 아무것도 없다.

---

* 그렇기 때문에 클릭하고 채팅방에 입장해 아무 말도 하지 않는 것보다는 아예 클릭하지 않는 편이 낫다. 확인 및 입장을 거부하는 것이 낫다. 작업자 입장에서 적극적으로 말을 걸기 어려운 이유다.

*

  숨고는 2015년에 오픈한 플랫폼이다. 과거 다른 재능마켓들에 재능을 등록해 본 경험으로 유추하건대, 숨고의 재능마켓 점유율은 퍽 높게 느껴졌다. 이는 구매자가 분야를 택해 SOS를 보내면 온라인 작업인 경우 해당 카테고리에 재능을 등록한 **전국**의 **모든** 작업자에게 일시에 알림이 가는 시스템이기에 다른 마켓에 비해 의뢰가 빗발치는 듯 느껴지는 거다. 처음엔 노다지처럼 느껴지는 이유다.

  여기서 잠시 다른 재능마켓의 프로세스를 설명하면, 구매자가 작업자들이 올린 '자기소개서'들을 꼼꼼히 읽고 마음에 드는 작업자에게 메시지로 문의를 하고, 일정 및 작업 조율, 견적 제시가 자연스레 진행되는 구조다. 물론 '자기소개서'에도 작업비용을 개괄적으로 명시하지만, 간판처럼 들이미는 견적과는 다르다. 핵심은 '자기소개'다. 다양한 작업자를 검토해 메시지를 보내는 루트 자체에 이미 구매자의 **선택의 의지**가 반영된다.

  한마디로 소개 글의 비중이 더 큰 셈인데, 구매자가 작업자의 '이야기'를 읽고 어느 정도 마음을 정한 뒤 대화를 걸고, 큰 이견이 없는 한 작업이 성사된다. 즉, 이 경우 작업자에게 직접적인 형태로 들어오는 문의가 나누어져 분산된 수이기에 상대적으로 숨고의 의뢰비율이 독보적인 듯 느껴진다. 하지만 누군가가 나를 택했고, 택함을 받앗다는 사실을 내가 알 수 있고, 그 기반 위에서 대화를 나누고, 판매를 진행한다. 여기까지는 구매자와 작업자 그 누구에게도 돈이 들어가지 않는다. 작업이 <u>종료</u>되면 그때, 구매자가 사이트를 통해 선결제한 금액에서 마켓이 수수료를 가져가고 남은 금액을 작업자에게 입금해 주는 방식이다. 즉 마켓 수수료는 <u>성사된 작업에 한해</u> 작업 종료 후 지급된다. 숨고는 반대다.

말했듯 분 단위로 날아드는 구매자들의 SOS에 발송하는 견적서 자체에 비용이 든다. 또 어떤 이유인지는 모르겠지만, 견적서마다 발송비용이 다르다. 분량이 동일한 '교정·교열' 문의인데도 어떤 건 2,000원대, 어떤 건 3,000원대로 자동 책정되어 있다. 견적서 1장을 보낼 때마다 충전 캐시가 차감된다. 대신, 사이트를 끼지 않고 직거래를 한다면 이후 후불 수수료는 내지 않아도 된다. 프리랜서 플랫폼 이용자를 대상으로 '일하는시민연구소·유니온센터'에서 실시한 설문조사에 따르면, 플랫폼 내 작업 1건당 평균 수수료 비율이 14.6%[*]라고 하니, 몇천 원대 견적서를 여기저기 발송하다 운 좋게 작업을 따낼지도 모르는 숨고가 더 매력적으로 보일지도 모른다.

---

[*] 매일노동뉴스, "[크몽·숨고·크라우드웍스] 프리랜서 플랫폼 중개앱 이용자 10명 중 6명 '계약서 없어'", 24.9.26., 정소희 기자

그러나 무수히 날아들며 나를 부르는 듯한 SOS란 기척에 답하다 보면, 어느새 "캐시 충전"이라는 암흑의 그림자가 등 뒤로 드리운다. 호기심 많은 구매자가 내 견적가를 클릭하고 아무 대꾸하지 않으면 내 발송비용은 공중분해되어 사라지는 것이다. 이런 사례가 10번만 쌓여도 대략 30,000원이 금세 사라진다.*

그렇다면 먼저 견적가를 낮춰 경쟁력을 키우고 구매자에게 적극적으로 말을 걸어** 일을 성사시켜서 여러 발송비용을 웃도는 더 많은

---

*   이러한 낮은 매칭률에 따른 문제, 불만을 개선하고 싶었는지 어느 날 숨고는 '바로견적'이라는 시스템을 도입해 왔다(2021년 2월). 이는 기존에 견적서를 작업자가 선택해 수동 발송하던 시스템과 달리, SOS 신호가 떨어지면 즉시 '자동견적'이 날아가게끔 설정하는 기능이다. 설정 즉시 임의 견적서가 **가장 빠른 속도로** 문의자에게 날아가며, 해제하지 않는 한 계속 비용이 차감되며 **자동** 발송되기에 발송비용도 기본 10%, 캐시 자동충전까지 적용 시 추가 10%(현재는 5%)로 총 20% 차감되는 '메리트'까지 있다고 홍보했다. 견적서 발송비용 할인, 여기에 '빠른 발송'으로 인한 '빠른 매칭'으로 고용률도 최대 40%까지 상승하는 동시효과를 보인다고도 말했다.
견적서 발송에 쓰이는 캐시는 5만 원이 최소 충전 기준이다. 이 말인즉 발송비용 10% 할인에 더해 5% 추가 할인을 받기 위해서는 5만 원의 캐시 자동충전 및 소진에 동의해야 한다는 뜻이다. 물론, 모든 건 우리의 선택사항이다.

** 2020년에 작성한 이 글을 퇴고하기 시작한 2024년 10월, 아주 오랜만에 숨고에 접속해 보니 "무응답 고객의 답변을 자연스럽게 끌어내 보라"며 이젠 '자동 메시지 기능'을 설정하란다. 먼저 자동채팅까지 보내면 '상담으로 이어질 확률'이 30% 높아진단다. 내가 먼저 말을 걸면 상대가 '예'든 '아니오'든 반응을 할 가능성이 높아지는 것을 두고 "상담 확률이 높아진다"라고까지 표현하기란 어려워 보이지만 말이다.
또한 숨고 고수센터 커뮤니티에서는 「높은 매칭률을 위한 견적 **발송량**의 중요성」이라는 섬네일 아래, '기회를 놓치는 일이 없도록 주저하지 말고 견적을 보내라', '견적을 많이 보낼수록 받는 요청의 양도 늘어난다(?)', '더 많은 견적을 발송하기 위해 숨고캐시 충전도 잊지 말아라'라는 꿀팁을 전수하고 있었다.

돈을 벌면 되지 않겠냐고 물을 수도 있다. 그런데 대체 어디까지 낮춰야(눈치챘겠지만 견적을 '낮추는 것'이 포인트다) 내가 다른 작업자보다 구매자에게 적당한 견적가를 발송해 우위에 설 수 있다는 말일까?

 이 일차원적인 경쟁에서 이기려면 내가 작업을 어느 수준으로 제공하고 그 일에 실질적 품이 얼마큼 들지는 뒤로하고, 일단 다른 작업자들이 **얼마를 제시할지**부터 알아야 한다. 불가능하다. 나는 내 작업 스타일과 공들임의 정도를 알고, 여기에 들어가는 품으로 작업가를 제안한다. 아무리 내용이 적고 마감이 급하더라도 손안에 든 마지막 순간까지 글을 대충 다룰 수 없고, 문장에 공도 많이 들이는 편이라서(대충 스캔하며 걸러내는 작업은 하지도 않으며, 반기지도 않아서) 일정 정도 이상은 작업가를 낮출 수 없다. 물론 누군가 나를 선택해 작업의 사정이나 성격을 설명하며 상의한다면, 세상일이 그렇듯 협의를 거칠 테다.

 본론은, 견적가로 단번에 손쉬운 줄이 세워진다는 점도 반갑지 않은데 갈수록 더 답변도 없는 견적서 발송 자체에 돈이 든다는 것이 핵심이었다. 클릭 받지 못한 견적서의 발송비용은 다시 적립되긴 하지만, 읽고 대답하지 않는 사람도 적지 않다. 내가 말을 걸어 구매자와 소통할 기회를 얻더라도 이미 **견적가로 줄이 세워졌기 때문에** 사람이라면 누구라도 더 낮은 견적가를 제시한 작업자가 합리적으로 보이고, 마음도 더 끌릴 것이다. 해당 플랫폼의 역할이나 가치를 전부 부정하는 게 아니라 모든 가치의 시발을 견적가로 수렴시키고 레이스 출발선에 세워둔다는 점에 대해서는 어쩔 수 없이 찜찜한 마음이 든다. 레이스를 보지도 않고서 말이다.

  친구도 구매자 입장에서, 너무 낮은 견적일 때도 신뢰가 안 가지만(여기서도 알 수 있듯 견적가가 곧 그 사람이자 그 사람의 효용 가치가 된다), 어쨌든 견적이란 "적당하게, 그러나 가능한 한 낮아야 한다"라며 내 애로사항에 동조했다.

  특정 플랫폼만 비판하고자 꺼낸 얘기는 아니다. 다른 플랫폼이라고 문제가 없는 것은 아니어서 이야기할 것이다. 한 '숨은 고수'가 커뮤니티 글에 남긴 비판 댓글처럼 "숨고페이로 내부에서 거래하지 않고 직거래하는 경우 구매자에게 수수료를 1원도 받을 수 없는 구조가, 고수들이 종이 한 장일 뿐인 견적서를 발송하는데 그 모든 때마다 수수료를 부과하는 무리한 방식"으로 구조 지어진 것이다. 댓글을 보고서야 알았다. 나만 돈 드는 견적서만 쎄빠지게 보내고 90% 이상은 아무 대답도 받지 못하는 이 체계가 불합리하다고 생각했던 것은 아닌 모양이란 걸.

잔인하다는 생각이 안 드는 것은 아니지만, 자본주의 내 대부분의 플랫폼이 커미션(매개 수수료)으로 돈을 벌어들이고, 그 방식이 편의에 부합할수록, 단기간에 많은 사람이 폭발적으로 찾는 걸 어찌 막겠는가. 또 일손이 비는 작업자가 요청에 바로 반응해 구매자와 잘 연결된다면, 그 공간은 서로에게 장점이 된다. 개인 간 직거래를 절대적으로 금지하는 다른 마켓과 달리 숨고는 채팅에서 전화번호나 메일 주소 교환이 자유롭기 때문에 이후 마켓이라는 매개 없이 연을 이어가기도 편리하다.

그렇다면 작업 시작 시 반드시 해당 사이트를 통해 작업료를 결제하고, 종료 시 구매자의 결제금액에서 수수료를 뗀 금액을 작업자에게 입금하는 다른 재능마켓의 사정은 어떠할까? 작업자는 물론 구매자에게도 바람직할까?

개인적으로 나는 플랫폼이 착취하는 것이 작업자뿐만이 아니라 구매자이기도 하다고 생각한다. 재능마켓의 인력 구하기 방식은 간편하다는 측면에서 구매자에게 이로워 보일지는 몰라도 속살은 그렇지 않다. 대부분의 재능마켓은 구매자가 작업 시작 시 지불한 작업료의 15~20% 정도를 작업 종료 후 수수료로 먼저 가져간다. 이는 비율이기 때문에, 작업료가 커질수록 같이 불어난다. 예를 들어 수수료율 20%를 기준으로 5만 원의 작업이었다면 수수료는 1만 원이지만, 100만 원의 작업이었다면 20만 원이어서 80만 원이 작업자의 최종 입금 작업료가 된다.*

상담 자체는 자유롭고, 구매자가 작업자를 견적에 앞서 포트폴리오와 진행할 작업의 성격으로 먼저 둘러본다는 장점은 있지만, 작업 성사 수수료를 마켓이 가져가야 하므로 오직 마켓 내에서만 거래하도록 일체의 개인정보 교환을 불허한다. 그러니 앞선 숨고처럼 숱한 견적서 발송비용을 내고 몇 건의 작업을 수주하는 쪽이나, (이미 마음에 들어 문의했기에) 성사율은 높지만 종료 후 일시에 높은 수수료를 마켓에 지불하는 일이나 도긴개긴일지 모른다. 후자의 경우, 작업료가 커질수록 수수료도 함께 커지니 어쩌면 한 사람을 만나기까지 다중의 연결 수수료(견적서 발송비)가 발생하는 숨고가 '절대비용' 측면에서는 더 합리적일지도 모른다.

그런데 앞서, 나는 이것이 작업자뿐 아니라 소비자(구매자)에게도

---

* 재능마켓의 수수료 정책은 원고를 쓰는 동안 여러 차례 바뀌었다. 지금은 작업금액이 커지면 금액에 구간을 둬 구간별 수수료율이 달라진다. 수수료율 정책은 잘게 쪼개져 있는데 작업자 기준으로는 합산 15% 내외이며, 구매자가 4.5% 정도를 별도 부담하는 경우도 있어서 사례마다 다르다. 결국 합치면 20%다. 다만, 구매자의 수수료율 20% 예시는 내가 원고를 쓸 당시 직접 경험했던 사례임을 감안해 주셨으면 한다.

바람직한 일일지를 물었다. 소비자를 위해 이 수수료 이야기를 더 해보고 싶다.

말했듯 재능마켓에서는 작업당 대략 15% 정도의 수수료가 발생한다. 10만 원이라면 1만 5천 원이다. 작게 느껴질 수 있다. 그러나 어떤 일의 작업비용으로 100만 원이 합당한데 85만 원만 받는다고 생각하면 작지 않은 금액이다.

그렇다면 작업자 입장에서는 어떻게 대응하겠는가? 당연히 순수한 작업비용(100만 원)에 후불 수수료를 감안한 비용(예: 110만 원)을 구매자에게 제시하게 된다. 수수료를 내도 옳은 이윤이 남을 만큼 견적을 높인다는 것이다. 100만 원을 받아야 할 작업이어도 그 이상을 요청할 수밖에 없다. 즉, 속살은 고객이 커미션을 분담해 함께, 혹은 작업자보다 많이 지불하는 구조가 된다. 이 커미션은 프리랜서 작업자들이 하나씩은 소유한 SNS를 통해 직접 문의하면 서로에게 처음부터 발생하지 않을 금액이다. 조금 더 발품을 팔면 마음에 맞고 좋은 작업자를 만날 가능성도 훨씬 높아진다.

만약 작업자가 견적을 높이지 않는다면, 100만 원을 받아야 하는 작업의 85만 원만 정산받는 작업자, 그 **사실을 아는** 작업자는, 효율을 높이느라 작업의 퀄리티를 점차 무시하게 된다. 혹은 실력 없는 작업자가 부르는 낮은 가격에 구매자가 덥석 걸려드는 경우도 생기고 만다.

*

경험해 본바, 거래를 성사시키기 위해 들이는 수수료의 총합만 보면 숨고의 견적서 발송비용들은 합리적일지도 모른다. 읽고 답변이 없는 경우도 많지만, 클릭조차 안 하면 읽지 않았기에 발송비용이 회수도 된다. 그러나 숨고가 "고객에게 적극적으로 대화를 걸라", "상담 확률을 높여라"라고 말하는 것과 달리, 중요한 건 '대화'의 성사 여부보다도 '작업'의 성사 여부다. 이때는 이미 서로에게 첫인상으로 기능해 버린 예산이 이후 진행 과정의 실질적인 핵심이 된다.

   그런데 내가 정말 나쁘다고 생각하는 점은, 이것이 글을 쓴 이유이기도 한데, 이 '견적가를 피켓처럼 내거는 경매방식'이 작업자 스스로 시장의 눈치를 보게 만든다는 점이다.

'내가 얼마를 내걸어야 상대로부터 답변을 받아볼 수 있을까?'

물론 구매자와 판매자가 서로 암약하는 경매방식에는 나름의 순기능도 있다. 시장가격 자동조정기능(?), 그도 아니라면 인플레이션 방지기능(?). 하지만 내가 글을 어떻게 다루며 어느 정도의 시간을 들여 매만질 사람인지 알면서 이 세상에서 글의 낮은 위치를 자발적으로 수용하듯 낮은 작업비용에 나를 던져놓고 작은 이윤이나마 남기고자 시달리고 싶지도 않고, 어그로용으로 낮은 가격부터 제시한 뒤 "견적은 추후 달라질 수 있으며…" 식의 안전망 뒤에서 슬쩍 가격을 올리고 싶지도 않다. 친구는 많은 작업자가 그렇게 한다고 말했다. 하지만 나는 그렇게 나를 속이는 것도 싫고, 나의 그런 술수로 다른 작업자가 기회를 잃는 것도 싫다.

또한 여기엔 글 작업자로서의 한 가지 애로사항이 더 있다. 경험상 디자인 작업에 비해 글 작업에, 사람들이 기본적으로 '**낮은, 값싼, 저렴한 노동력**'에 재능이 제공될 거라 여기고, 특정 가격선을 작업비의 상한선으로 상상해 두는 경우가 많다. '상상'이라고밖에 표현할 수 없는 건, 글쓰기에 숙달된 사람의 글이 아니고서야 거의 모든 문장을 고치는 경우가 많은 글과 문장의 바탕에 대한 이해가 부족해서다. 말하자면 글쓰기는, 한 문장 문장이 전부 이어지는 수작업인 셈이다.

물론 이해는 된다. 예술작품처럼 이름이 걸릴 글이 아닌 과제물, 기술서, 논문 등에 가할 일회성 교정인 경우, 누가 '고품격'의 차등을 두고 더 높은 작업비용을 지불하려 하겠는가? 티끌처럼 지나고 말 순간에 더 높은 비용을 들이고자 나서서 노력하는 사람은 적을 테니 말이다.

하지만, '**글을 다뤄내는 일**'에서 정말 **가격**만이 사람을 쓰는 중요한 결정 기준이 된다면 틀린 맞춤법만 찾아 고치는 일은 너무도 쉽다. 작업자(者), 그러니까 사람을 찾을 필요도 없다. 불철주야 잠도 없이 일하는 인터넷 맞춤법 검사기가 있는데, 완벽하진 않아도 간단한 교정은 무리 없이 수행한다.

문제는 AI시대가 도래하면서, 세월을 이어 회자할 글이나 책이 되기를 바라면서도, 나름의 의미를 지니고 시장에 내놓을 단행본 작업을 하면서도, 비용 절감 측면에서 사람을 건너뛰고 인공지능을 현명하고 완벽한 대안의 일부로 받아들이는 사람들이 많아지는 기조다.

반면 정말 제대로 된 의미로 작업의 동반자를 찾고 싶다면 차이는 이럴 듯하다. 육아로 비유해 보겠다. 엄마가 아기를 품에 안고, 보듬고, 머리나 배 냄새도 맡아주고, 고개를 들면 "까꿍" 해주고, 머리를 쓰다듬고, 배는 안 고픈지, 똥은 쌌는지 안 쌌는지 봐주는 게 아니라,

바닥에 기어다니며 놀도록 내버려두되 심심해하면 손에는 딸랑이를 쥐여주고 보행기를 태워 쓱쓱 한 발로 앞뒤로 밀면서 놀아주는 듯하지만, 눈은 요즘 육아에 시달리느라 못 본 드라마와 예능, SNS를 열심히 몰아보는 식의 차이인 것이다.

난 글이 시작부터 끝까지 부드럽게 읽혀야 만족스럽고, 어미 하나의 변화에 촉각을 곤두세우고, 작은 실수 하나에 글을 사랑하는 마음이 오염되거나 진심이 부족해 보일까 봐, 완성본을 전하기 전까지 몇 번은 또 본다. 보내고 나서도 또 본다. 그날 저녁이나 다음 날. 이미 끝났는데. 발생한 실수가 있다면 따로 체크해 둔다.

플랫폼 노동을 겪으며 글의 미시적인 세계와 매력이 더 많이 알려지고, 글의 가치에 대한 이해가 보편화돼서, 더 많은 사람이 글의 다듬기에 따라서 글이 단계별로 얼마나 무한히 확장되고 섬세해지는지, 글이라는 매체 안에 담긴 **가능성**을 목도하는 계기를 만들고 싶었다. 그러면 내 답답함도 좀 해소되고, 세상도 더 아름다워질 것 같았다. 이 얘기를 본격적으로 시작하기 위해 부러 작업비용과 플랫폼 노동에 관해 길게 얘기하는 이 꼭지도 썼다. 자본주의 사회에서 '돈의 지불'이란 현시점 사람의 사회적인 관념과 밀접한 관련을 맺는다고 생각해서다. 분석하기 좋은 주제인 셈이다.

*

뒤로 갈수록 나는 미시적인 글의 세계가 쓰는 이의 선택과 숙고로 얼마나, 어떻게 확장될 수 있는지, 그 모습을 설명하는 글들을 추가해 갈 것이다. **좋은 글이 삶과 사회와 어떤 연관성을 지니는지 목도할 수 있는 글을 쓰려 한다.** 앞으로 학교에서도 이런 실질적인 측면의 글 수업이 생기고 이에 바탕한 쓰기교육이 이루어진다면 정말로 좋겠다. 이 세계 안에는 아직도 신비한 것이 참 많다.

거시경제의 발전은 끝이 없다. 이제 'AI의 출현'처럼 삶의 굵직한 양식을 바꿔내는 거대한 변화들이 세상에 계속 일어날 테지만, 결코 그것들을 '높은' 변화라고 볼 수는 없다.* 사람의 존재양식 또한 그곳에 존재하지 않는다. 사람의 감정이 소급되는 장소와 결정적인 시기에 목격하게 되는 삶의 장면들, 나를 이전과 다른 인간으로 기필코 만들어 버리는 영원한 '사건'들은 **다른 곳**에 존재한다. 우리는 그곳이 어디인지 알지 못한다. '감정'과 '나약함', '불안'이라는 인간의 존재조건과 기반 또한 영원히 변하지 않는다. 변한다면 인간에서 탈피한 것이다.

---

*   마차에서 자동차로, 자동차에서 비행기로. 이들은 모두 높은 변화를 이야기하는가? 그렇지 않다. **다른** 변화를 의미한다. 다른 차원으로의 이동을 의미한다. 탈바꿈을.

이 인간을 형성하는 조건의 골은 너무도 깊어서 그 어떤 기술, 그 무슨 형상이나 존재로부터도 영향을 받지 않는다. 세상이 자동화된다고 그 기술을 누리고 사용할 인간까지도 자동화되는 건 아니기 때문이다.

이제, 세상은 아주 큰 틀에서의 발전은 거의 다 이루지 않았나. 그럼에도 세상은 변화를 향해 나아갈 것이다. 기술개발자들의 청사진에 의하면 향후 몇 년 안에 AI는 더 발전해 일상을 점거할 테지만, 이후로도 더 큰 발전의 제안이 속출할 것이다.

그 한편에서, 우리는 작은 것들을 관찰하고 지켜가는 일에도 함께 몰두해야 한다. 거대한 변화의 뒤편에서 인간의 존재 됨을 잃지 않고 가꿔야 한다. 이제는 글처럼 미시적인 것들이 더 사랑받았으면 좋겠다. 사람이 살아남을 곳도 그곳뿐이다.

3. 플러스 윤문이라며…

앞서 말한 숨고에서 지금은 사라졌지만 처음엔 크게 헷갈렸던 부분. 의뢰가 '교정·교열'로만 들어오기도 했지만 '교정·교열+윤문'으로 표기되어 들어오는 경우가 많았다. 여기서 교정, 교열, 윤문의 사전적 의미를 각각 따로 살펴보자.

- 교정: 잘못된 글자나 글귀를 바르게 고침
- 교열: 잘못된 내용을 바로잡아 고침
    + (당시 사이트에서 '+'로 표시했었기에 나도 사용해 본다)
- 윤문: 글을 윤색함

윤문을 설명하는 데 다시 아주 정확한 의미는 알지 못하는 '윤색'

이라는 단어가 나오므로 의미를 또 찾아보면 이렇다.

- 윤색:

    1. 윤이 나도록 매만져 곱게 함
    2. 사실을 과장하거나 미화함을 비유적으로 이르는 말

'교정'과 '교열'이 잘못된 글자와 내용을 바로잡는 일이라면, '윤문'은 그 **바로잡힌**, 혹은 바로잡아 가는 바탕 위에서 표현까지 윤기 나게 다듬는 일이다. 전자가 옳음의 영역이라면 후자는 세공의 영역이다. 나는 이 단어들의 사전적 의미를 찾아보기 전에 프리랜서 시장에 참가하며 윤문을 "단어와 문장을 **더** 섬세하게 매만지는 일"이라 정의한 바 있다. 여기서 주목할 표현은 '더'이다. 겸손한 표현으로, 작업자에 따라 이 '더'의 자리는 '굉장히', '매우', '열성적으로', 이 모두를 합한 '매우 굉장히 열성적으로' 등의 갖은 수식으로 달리 메워질 수 있다. 정리하면,

- 윤문: 단어와 문장을 **매우 굉장히 열성적으로** 섬세하게 매만지는 일 (※ 굵은 글씨로 처리한 자리에는 다른 어떤 부사든 사용 가능하며, 무한 추가가 가능함)

교정과 교열을 무 가르듯 떼서 분리하기 어려운 것처럼, 교정·교열과 윤문이 '+'라는 기호로 단절, 혹은 완벽하게 구분 가능한 영역이냐의 문제는 차치하고 얘기를 진전시켜 보면, 교정·교열에는 옳고 틀리고의 정답이 있겠으나, 교정·교열이라는 **옳음의 필터**를 거친 글로 진행되는, 그러니까 기본적으로 '옳음의 세계'에서 시작하는 윤문은 그 수준과 정도가 수만 가지 스펙트럼으로 나누어질 수 있다. 한마디로, 교정이 아닌 윤문에는 **정답이 없으므로** 그만큼 수정 선택지의 다양성과 폭도 넓다는 말인데, 이 말이 모호하게 들린다면 다음의 예시를 들어보겠다. 읽었던 어느 책의 구절을 변형했다.

[예시]
하지만 이렇게 많은 사람이 제목 자체에서 삶의 의미에 대한 문제를 다룰 것으로 기대되는 이 책을 선택했다는 사실은, 그만큼 그들에게 이것이 절박한 문제라는 현실을 입증하는 것이라 할 수 있다.

큰 문제 없는 문단이다.
하지만 나였다면 정답 여부와는 상관없이 이렇게 바꿨을 것이다. 다음 페이지에서 굵게 처리한 부분을 보자.

[예시 (수정)]

하지만 이렇게 많은 사람이 제목 자체에서 <u>삶의 의미에 대한 문제</u>를 다룰 것으로 기대되는 이 책을 선택했다는 사실은, **이것이 그만큼** 그들에게 절박한 문제라는 현실을 입증하는 것이라 할 수 있다.

이 구절을 읽는 순간, 내 귀에는 문장의 앞으로 재배치한 '이것이'라는 지시어가 아주 또렷이 들려와 박혀왔다. 이는 예시가 복합문이긴 하지만 문장 속 주어이기도 해서, 본연적으로 보더라도 문장의 앞쪽에 위치시키는 것이 타당하다. 또한 단순히 주어라서라기보다 위 문장에서 '이것이'가 가리키는 바가 '삶의 의미에 대한 문제'이며, 문장 자체가 "사람들이 삶의 의미라는 난제를 무척이나 절실히 해결하고 싶어 한다"라는 뜻을 품었기에 강조하고 싶었다. 물론 다른 순서로 쓰더라도 틀린 문장이 되는 것은 아니다. 글을 쓰고 다루는 사람의 스타일이나 스킬에 따라 얼마든지 더 멋지고 감각적인 문장으로 변모하기에 이를 '윤문'이라 부른다. 나는 문장이 들려주고자 하는 바, 문장의 목소리를 더 명징하고 선명하게 <u>육성화해 내는</u> 글쓰기 방식을 예시해 보고 싶었다.

또한, 글쓰기를 처음 시작한 초심 단계에서 글쓰기 능력을 강화하는 가장 쉬운 훈련도 **문장의 앞에 주어를 위치시켜 보는 것**이다.

많은 글쓰기 작법서가 알려주듯 문장의 기초는 '주술 호응'이 결정한다. 이 '주술 호응'에 실수가 없으려면 가능한 단문 쓰기에서 시작해 문장의 주어와 술어를 파악하고, 주어를 앞에 위치시켜 구조를 깔끔하게 파악해 보는 것이 좋다.

글쓰기가 복잡하고 어렵게 느껴질수록 문장 요소를 제각기 판별한 다음, 깨끗하게 건져내서, 단순도 측면에서 가장 옳게 배치해 보는 일이 논리적인 쓰기 감각을 높이는 데 그나마 도움이 된다. 즉, 본인이 쓴 문장이 어색할 때는 문장 쓰기의 **기본 중의 기본**이라는 주술 관계 일치 여부부터 살펴야 한다. 문장의 '주어와 술어'를 파악해 옳게 연결 짓기가 바로 글쓰기의 시작점이다. 글을 못 쓰는 사람일수록 한 문장을 길게 늘여 쓸 때, 그의 혼란을 반영하듯 주술관계가 어긋나 버리는 경우가 많다. 스스로 '머리로'가 아닌 '글'로 무슨 말을 하는지 분명하게 파악하지 못하는 현상으로, 구현된 문장 요소 간의 관계가 자신이 썼다고 생각하는 인식 속 표현과 괴리를 빚는 상태다. 이러한 글이 혼란스러운 부연, 압도적인 중얼거림으로 들린다면 이는 결코 우연이 아니다.

먼저 가장 단순한 "주어+동사/형용사" 형태의 문장을 다루는 데 익숙해지면 거기에 수식도 추가해 본다. 즉, 문장의 길이도 주술관계를 이해한 바탕 위에서 제대로 늘려나간다. 문장의 도식에 대한 이해가 확립된 바탕, 튼튼한 기초 위에서 요소 간 도치를 통해 글의 강조점을 바꾸는 것은 그다음의 영역이며 기술, 재미가 된다.

정리하면 글의 구조를 지배하지 못한 상태에서 문장이 길어지면 주술관계가 어긋나는 대표적인 문제가 발생한다. 이러한 문장은 필연적으로 어색하게 읽힌다. 읽기에 영 편하지 않은 3~4줄짜리 문장의 주술관계를 확인했더니 '책상은 일어섰다'와 같은 식이다. 물론 단문을 쓰더라도 글에 집중하지 않으면 곧바로 주술관계가 어긋난다.

그런데, 사실 주어를 문장의 앞에 위치시켜 보라는 데에는 이론보다 더 중요한 이유가 있다. 바로 주어가 문장의 주인공이라서다. 주어를 문장의 앞쪽에 위치시킴은 우리가 나서서 적극적으로 주인공에게 주인공다운 자리를 부여해 주는 일이다. 이는 주어 뒤에 주격조사 '은/는/이/가'가 붙음으로써 자연스레 설정되는 의미이며, 자리이기도 하다.

그러나 말했듯, 문장을 다루는 숙련도에 따라 다양한 구성과 작법이 존재하므로 주어라고 **반드시** 맨 앞, 혹은 앞쪽에 위치시켜야 하며, 그렇지 않을 경우 '틀렸다'라고 말할 수는 없다. 문장을 읽어가고 받아들이는 척도가 어떻게, 어느 정도로 예민하냐에 따라 이는 부차적이거나 그다지 중요하지 않은 문제로 치부될 수도 있다. 문장마다 지닌 함의를 파악하는 일이 중요하다. 지금까지의 설명은 섣부른 기교를 부리다 주술관계를 확립하지 못하는 실수를 자주 범하는 쓰기 초보자들을 위한 팁에 가깝다.

하지만 굳이 앞에 있지 않아도 괜찮다는 이 주어가 자신이 '주인공'임을 더 절실히 강조해야만 하는 게 글이 지닌 내용이라면 이 주어를 응당 문장의 맨 앞자리에 당당히 위치시켜 줘야 하지 않겠나. '이것'이 주어임을 알아달라고. 그게 글을 다루는 사람의 윤리이지 않겠나. 앞선 예문이 내게는 바로 그런 주제를 담고 있었다.

그러니까 위 문장을 읽고 스쳐 지나치려던 순간, 내게는 문장 속 한 지시어던 '이것'이 종교적 우스개 흥행어인 "믿쓰~읍~니까!"처럼 우렁찬 된소리로 나를 끌어당겼다. 위 예시문이 수용소 수기 서문의 한 구절이었기에, 어떤 사람에게는 빈 수레나 허수에 가까울 지시대명사일 수도 있었겠지만, 책에 등장하는 박해당한 사람들과 보편적인 세상의 많은 이에게 지금, 여전히, 시간이 많이 흐른 후로도, <u>절박</u>

한 문제로 보인다는 '이것(삶의 의미에 대한 문제)'이라는 지칭에 더 큰 지리적 힘을 실어주고 싶었고, 그래야 한다고 생각했을지도 모른다.

이렇게 보면 내게는 문장을 다듬는 일, 윤문 작업의 확장성이 크게 다음의 세 단계를 거쳐 일어나는 듯하다.

글 수정의 확장 단계

1단계. 틀리지 않았고, 읽는 데 별 탈만 없다면 넘어간다.
2단계. 기초적이고 깔끔한 글을 쓰는 법칙에 따라, 문장을 가장 단순한 구조로 바꾸어 말의 맥락을 분명하게 드러내고, 문장성을 높인다.
3단계. 글 안의 목소리를 듣는다. 나의 대상인 글과 대화하며 각 문장 요소에 걸맞은 역할과 지위를 아낌없이 부여한다. 글에게는 스스로 말하고 싶어 하는 바가 있기 때문이다.

나는 글을 다듬을 때, 대부분 위 중 3단계에 머무른다. 내가 글을 잘 다룬다거나, 다른 사람보다 성실하고 진중하다는 뜻이 아니다. 그냥 성향 얘기다.

'글 안에 오래 머무르며 대화하는 사람', 그럼으로써 그것이 읽는 일이든 쓰는 일이든 '살아 있는 현실세계와 보편 일상도 여과 없이 물리치는, 자주 글과 혼자 남겨지는 사람'.

그래서인지 문장 구조를 해체해 가며 읽기 시작한 이후로 내 독서 속도는 갈수록 느리기만 하다.

*

이 글을 통해 하고 싶은 얘기는, 교정·교열과 분리된 윤문이란 무엇이며(그러니까 존재 가능하며), '+윤문'이라며 윤문 작업을 추가할 때, 그 윤문은 어느 정도의 윤문이어야 하냐는 데서 오는 질문 해석의 난해함이다.

처음에 나는 이 '수정 범위에 대한 답을 내릴 수 없는', 광범위한 윤문의 스펙트럼 내에서 미래의 견적을 추측하여 제안하는 일이 무척 모호하게도 느껴졌었다. 그러니까 구매자가 윤문을 요구할 때, 그가 바라는 지점은 어디에 얼마큼 닿아 있는 걸까 혼란스러웠다.

내게 타협 가능한 다듬기의 완성도, 윤문의 최소 선과 상대가 비용 측면에서 타협할 수 있으리라 그려지는 그 **어떤 곳***을 그리면서도, 상대가 원하는 글의 도안은 무엇이며, 어떤 정도인지, 나의 이상과는 얼마큼 괴리를 지니는지, 개입 가능한 범위는 어디까지일지를 고민했다. '아예 윤문을 1~100단계로 나누고 그 안에서 단계를 선택하게 한다면 서로 이해가 좀 더 수월할까?' 하는 생각도 해봤다. 그러나 어쩌면 그 1에서부터 100까지의 단계란, 단순히 1번 읽고 100번 읽고 와 여기에 1번 수정하고 100번 수정하고의 차이일지도 모른다.

재밌고 슬프고도 고되게도, 글은 읽을수록 다시 이상하고, 꼼꼼히 읽을수록 여전히 더 이상한 게 많고, 그래서 고치고 다시 읽을수록 이전보다는 조금 덜 이상해지니까. 그만큼 시간을 오래 들여야 곱고 좋은 글이 탄생한다.

그러니까 처음에는 멋도 모르고, 시간을 들여 꼼꼼히 최선을 다해 작업하겠다는 가정 아래, **그 가정을 위한** 최적의 작업 시나리오를 그렸고, 그 시나리오의 범주 내에서 약간은 가격을 낮춰 이야기했다.

---

* 말했지만 글을 다루는 일은 효율의 영역과는 어울리지 않는다. 글은 들이는 시간에 따라 그 퀄리티가 시시각각 달라지므로 여기서 '그 어떤 곳'이란 글 수정에 적정하다는 전제로 최소한도의 시간을 들이면서도, 들이는 시간은 곧 비용이므로 동시에 비용 측면에서는 가장 낮은 곳을 일컫는다. 포인트는 거의 후자에 닿아 있다.

그래야 상대도 부담이 덜할 테니까?

결과는 앞선 꼭지에서 다룬 것과 같았다. 답이 없었다.

그러니까 내 말은, "플러스 윤문이라며…." *

---

* 처음 썼던 당시 이 글의 제목은 「플러스 윤문의 그늘」이었다.

4. 아무래도 감사한 일

앞서 이러쿵저러쿵 말해왔지만, 말의 정언(定言)적 기능 안에서 사람 사는 일의 대부분과 존재의 실존적인 물리력들이 발생한다는 점에서, 재능을 광고하면 수요자와 만나게 해주겠다는, 서로 무연한 사람을 연결해 내겠다는 플랫폼이 부여하는 시발점의 기능은 그 자체로는 고마운 의미가 있다. 스스로 무언가를 "할 수 있다"고, "특정 서비스를 제공할 능력이 있다"고 **확정하여 말하는 일** 자체에 그것이 사실이든 아니든 그 내용, 기능과 능력을 보장하고 뒷받침하게 만드는 효력이 어느 정도는 발발하는 탓이다. 프리랜서란 회사 내 직무와는 달라서 직접적으로 자신의 이름으로 임하는 일이며, 일을 논의하거나, 잘하지 못했을 때 결과를 함께 분담해 줄 동료, 상사, 기업의 틀이 없어 일할 때 어떤 면에서는 엄청 신중해진다.

회사가 생산수단을 통해 잉여가치를 창출하고, 직장인이 회사의 귀속원으로 열심히 일해 매달 월급을 받는다면, 프리랜서는 자신의 희소가치를 집약한 작업물을 노동 행위로 생산하고 평가받는다.

그래서일까?
최고라고 자랑한 적은 없지만 나의 정언(주장)만 믿고 작업을 문의나마 하시고, 대뜸 일을 주신 분들께 감사함과 푸릇한 고마움을 느낀다. 돌아보면 작업의 순간들은 다 감사했다. 이 세상에서 글이 쓰일 곳을 미리 점검하고, 깊은 속살을 지닌 원고들을 누구보다 먼저 만난다. 한 개인이 지닌 이야기의 사심 앞에 미리 무장 해제되며 더 깊숙이 글쓴이를 느끼고 체험한다. 그 텍스트들이 세상에 공개될, 태어날 시점을 은밀히 잠복하며 기다린다.

재밌게도 쪽글도 다뤘다 보니 상상 이상으로 기상천외한 의뢰들도 만났다. 때로는 타인 자체가 되어 내가 그인 양 글을 써 내려간다. 짝사랑하는 사람에게 전할 짧은 메시지를 다듬거나 인터넷 커뮤니티 안부 게시판에 올라갈 몇 개의 문장을 쓴다. 그럴 때는 초안이 가진 그 사람 본유의 말투를 유지하는 일을 중요하게 생각한다. 의뢰자의 문장에 담긴 습관이나 형태를 유지하면서 단어를 추가하고, 삭제하고, 다듬고, 전송 버튼을 누른다.

  작업하는 데 5~10분 정도 걸린 짧은 글을 전달받고서도 큰 도움이 되었다며 기뻐하는 사람을 보며, '이 작업이 누군가에게 도움이 될 수 있구나', '별로 어렵지 않아 보이는 글도 누군가에게는 어떻게 진입해 쓸지 그 시작조차 상상하기 어려울 수 있구나' 느끼며 더 확장된 활동을 통해 글로 세상과 사람과 소통할 방법은 무엇일까 아이디어를 강구하고 빼곡히 미래의 계획으로 남겨만 둔다.

  소중하고 독자적인 체험을 한 뒤 그 생생한 경험을 공모전에 내 자랑하고 싶은데 마무리나 표현이 영 마뜩잖은 경우, 약간의 다듬기를 요청하기도 한다. 이런 경우 그 사람의 의뢰나 글 쓴 취지를 들은 다음, 글 속 이야기나 아이디어가 아름답고, 어색한 부분에 대한 아주 약간의 다듬기로 글의 흐름을 부드럽게 만들어 본래 의도가 내용에 잘 드러나는 데 도움이 될 때만 작업한다. 대뜸 "공모전에서 1등 타게 글 써주세요"라는 의뢰도 받은 적이 있는데 응답하지 않았다. 아무리 글을 잘 쓰더라도, 공모전에서 1등 할 게 확실한 글을 쓸 수 있는 사람은 없다. 아니, 나는 못 한다. 역설이지만 의뢰한 사람이 가진 태도나 사고의 오만함을 넘어서, 능력이 없어서 응답할 수 없었다. 또, 그것은 어떻게 보더라도 정당한 작업도 될 수 없다. 그 밖에 기사,

홈페이지나 브로슈어 문구, 홍보 글 등 작은 '작품'들이 세상에 출하되기 전의 최종점검을 맡는다.

어떨 땐, 도저히 용도를 모르겠는 글을 다듬기도 한다. 다듬으면서도 '대체 이게 무슨…' 싶은 괴상 발랄하고 망측한, 그래서 귀여운 글들이다. '그런데 도대체 어디에 글을 사용하실 생각이세요?'라는 질문이 턱끝까지 차올라 묻고 싶은데, 용도가 글을 다듬는 데 꼭 알아야만 하는 정보가 아니라면 그냥 의도에 맞춰 고쳐주려고만 한다. 부연 설명을 좀 하자면 창작 글이긴 한데, 꿈보다도 더한 의식의 흐름에 가까운 그런 글들을 만날 때가 더러 있다. 본인은 너무도 즐거워서 몰입해 쓴 티가 나는 글들이다.

이런 글은 글 자체가 내용도 흐름도 특이한 만큼, 어디에 활용하려는 건지 맡긴 목적도 모호하고, 어쩜 묻기도 민망해, 작업해 보내면서도 제대로 다듬은 건지 헷갈리고, 만족하게끔 못한 건 아닌지 갈피가 안 잡히는데, 몇 분 뒤 "멋지게 작업해 주어서 너무 감사하고, 문자도 너무 아름다웠다"라는 후기를 남긴 걸 읽고는 덜컥, '세상에나, 문자도 아름답다니… 그 문자라는 표현이 더 아름답다'라고 생각하며 잠시 황홀감을 놀라 느낀 적도 있다.

사실 그분의 글에서는 그 '문자가 너무 아름답다' 식의 부자연스러운 번역 투 표현이 줄곧 이어지는 게 글을 마뜩잖고 성기게 만드는 제일의 문제요소였는데, 언뜻 생경한 자리에서 부적절하게 쓰이는 어휘가 어떨 때는 더 역설적인 아름다움으로 빛나기도 한다는 걸 다시 한번* 느낀 순간이기도 했다. 이렇듯 진심으로 꼼꼼히 작업한 만큼 즉각 좋은 피드백을 받을 때, 예상치 못한 행복을 느낀다.

한 번 의뢰했던 분이 다시 찾아줄 때도 기쁘다.
그들의 업무나 프로젝트의 연속된 의미나 역할을 확장해 이해하면서 그 흐름 안에서 다시 한번 작업하기 위해 마음을 가다듬는다. 주기적으로 작업이 필요한 거래일 경우 발맞추어 가는 느낌이 좋고, 관계자분들의 노고에 해가 되지 않기 위해 조금이나마 노력한다. 진짜 나 자신이 벌인 일인 듯 중히 여길 때도 있어 마음이 노이로제 상태에 달할 때도 많다.

회사에서는 잘 못했을 때, "다시 해!" 한마디면 "네" 하고 돌아와 실은 **뼛속까지 내 부족**이면서도 시스템이나 상사 험담을 괜스레 몇

---

* '다시 한번'이라고 표현했으니 부연을 해야 한다. 내가 보통의 한국 사람이라면 쓰지 않을 자리에서 쓰지 않을 표현이 튀어나와 작품과 어우러지며 언어의 독특한 매력을 만들고 이해의 신비를 부여한다고 느꼈던 작품은 래퍼 박재범과 스윙스의 초기 랩들이었다.

번 하고 작업에 몰두하며 잊곤 하지만, 그리고 회사의 성장을 내 성장과 직결시키기보다는 워라밸부터 우선시하며 최소한의 역할로만 근무하길 바라는 경우도 적지 않지만, 처음엔 온라인을 통해 얼굴도 성격도 살아온 사연도 모르는 사람과 일대일로 맺어진 관계는 내가 조금만 실수하거나 상대가 원하는 수준에 이르지 못하면, "저… 죄송하지만 다른 분과…" 혹은 "예기치 않게 계획이 변경되어…"라는 말을 언제든 들을 각오를 해야 한다. 물론 이건 내가 조직의 소속원이고, 상대와 얼굴을 잘 아는 사이더라도 마찬가지다. 또, 일의 조건에는 실력도 있고, 작업물에 대한 감식안과 평가도 중대한 영향을 미치겠지만, 예산도 서로 맞아야 한다. 하지만 이 어렵고 복잡한 과정 속에서 본질적으로 중요한 건, 내가 선택한 이 일을 최소한의 기준을 영위하려고 애쓰면서 진심으로 임한다는 데 있다. 많은 금액은 아니어도, 좋아하는 일을 하면서 수입을 얻음은 행운이다.

앞선 예시들에서 느꼈겠지만 내가 아주 대단한 글을 써드리거나, 큰 퀄리티를 요하는 작업만 해온 것은 아니다. 정말 편린적이며 짧은 글, 단순한 안부 글 등 일상 차원에서 오가는 빈번해서 무수한 글들의 작성도, 어떤 사람에게는 도움이 필요한 영역이란 점을 느낀다. 또, 중요한 건 작든 크든 이곳에서 발생하는 **나의 쓰임**이다.

앞의 사례들은 정말 간단한 작업 예시였고, 출간물을 다룰 때는 저자의 태도가 사뭇 깊숙해 나는 오히려 무거움으로부터 거리를 두고 초연해지려고 노력하기도 한다. 원고 안에는 완전한 형태를 입고 태어나기 전이라는 점에서 남몰래 글을 쓰고 출간할 마음을 먹은 사람들의 아주 진지하고 본원적인 욕망이 숨어 있다. 바로 여기 내가 살아 있고, 그걸 알아달라는 온 세상을 향한 두드림이다. 혹은 살면서 이런 이야기 하나쯤은 동시대의 사람이 듣거나 알아야 하지 않겠냐는 질문 던지기이다. 그래서 그 안에서는 그들의 메시지나 이야기가 최대한 잘 전달되고, (이렇게 표현할 수 있다면) 옳은 방향으로 흐르게끔 편집자처럼 최대한 많이 개입하려고 한다. 책의 제목에서부터 디자인 콘셉트, 출간 계약까지, 나누다 보면 이야기 주제가 광범위해지기도 한다. 보통 누군가가 처음부터 교정자가 아닌 '프리랜서 윤문자'를 찾을 때는 그런 열린 개입을 바라는 경우가 대다수이긴 하겠지만 말이다.

하지만 아직은 '프리랜서 윤문자', '프리랜서 편집자'의 개념이 대중적이지는 않은 만큼 대부분은 '교정'이나 '디자인' 건으로 검색을 하여 문의하는 경우가 많다. '윤문'이라는 단어를 어색해하시는 분도 많이 보았다. 일하는 과정에서 필요시 내가 역할을 확대할 뿐이다.

*

일필휘지로 써 완성한 글이 엉망임에도 옳은 터치마저 피하거나 필요를 고려치 않고, 내용과 문장의 전달력에 들여야 할 공을 예쁜 표지로 포장하는 데만 유독 집착하고, 그 디자인의 소구력을 통해 시장에 유통해 많이 판매할 궁리를 하고, 업적이나 공적의 증거이자 자료로 다음의 발판으로 삼으려 하고, 출판사 역시 돈만 받으면 별문제 없이 만들어 유통시키는 작금의 적지 않은 출판 제작 형태에서 미리 자신의 글이 부족한 건 아닐까 고민하고, 빠른 완성이나 제작보다는 어떻게든 먼저 글을 논의할 협업자를 찾아 한 번이라도 바로잡고, 다음 단계를 생각하려 하는 본원적인 태도에서야 나는 전율을 느낀다.

더해 그 글에 살아온 인생에 대한 오롯하거나 소박한 이야기가 담겼다면, 다소 자잘한 이야기일지라도 그 안에 담긴 질료들을 잘 다듬고 싶은 욕망을 느낀다. 내가 겪지 않거나 보지 않은 일까지 다 겪은 양 꾸며볼 수야 없겠지만, 초안의 바탕 위에서 우연한 계기에라도 그 책을 읽을 사람이 최소한 그 책을 펼쳐 든 일을 처절히 후회하지는 않게 할 것이다. 흐름을 바로잡고, 글에 대한 의견을 제시할 것이다.

책을 낼 생각으로 출판이나 유통 절차부터 알아보기 전에, 늘 생활에서 쓰며 살아가는 말이고 글이니 글은 큰 문제 없이 완성됐다고 퀄리티를 자부하기 전에, 최상의 편의부터 택하기 전에, 설레고 겸연쩍은 마음으로 '내 글이 부족하지는 않나?', '부족한 부분은 어떻게 체크하고 보완하지?'를 고민하는 사람이 있다. 출판에 대한 영리적 사심에 따르는 절차 알아보기는 제쳐두고 책의 본원인 글부터 먼저 잘 완성하려고 한, 그게 우선이라고 생각한 몇몇 의뢰인들이 내게 보여준 태도가 그 사람 삶의 전체 양식일 거란 인상을 이 일을 하면서는 언제나 늘 받았다. 글이 삶을 증명한다고 믿는 것은 바로 이래서다. 개인적으로는 글을 잘 쓰든 못 쓰든 이런 마음, 시각과 접근법을 지닌 사람이 책을 내는 것이 옳다고 생각하기도 한다.* 그렇지 못한 경우를 많이 봐와서다.

*

나 역시 내가 부족하다는 사실을 잘 안다. 하지만 글에 관한 한 나는 "이 일을 할 수 있다"고 말할 것이고, 상황이 허락하는 한 "계속

---

* 이 태도가 얼마나 중요하며 여실히 필요한지는 지금 상업 출판시장의 한쪽에서 가짜 품격만 갖추고 쏟아져 나오는 수많은 책의 출간 메커니즘을 모른다면 아마 공감할 수 없을 것이다.

해" 나갈 것이다. "할 수 있다"고 언제나, 어느 때나, 말할 것이다. 내게 진심이 있다는 것이 내가 아는 전부다. 그러나 이 최소한의 윤리로 나는 점차 채워지리라 믿는다.

 글을 맡겨준 분들께는 송구하지만 비교 우위에서 나는 절대적이지 않다. 나 스스로 글을 위해 성장해야겠다고 생각하는 마음, 그 책임감 때문에, 내가 내게 해도 된다고 허락한 것이다. 어제보다 더 나아지자고 스스로 약속하고 이를 예견하는 마음, 희망 때문이다. 더 솔직히 말하면 「1. 사랑하지 않으면 할 수 없는 일」에서 말했듯 글을 사랑할 수밖에 없는 사람으로, 사랑하기 위해 이 땅에 태어났기 때문이다.

 내가 믿는 건 앞서 말한 글을 시장에 내놓아서 유통할 생각부터 하기 이전에 먼저 나서서 나풀나풀 '윤문자'를 찾아왔다는 사람들 이야기처럼, 작가는 **바로 그렇게** 글을 위해 노력하겠다고 마음먹은 사람들이 하는 일이라는 것이다. 아니, 내 결론은 그런 사람이 해야만 한다.

 지켜보니 그랬다.

5. 비 오는 날의 그림

예능을 특별히 챙겨 보지는 않지만, 집에서 운동할 때 가끔 틀어 놓고 보는 편이다. 방영 시일이 꽤 지나도 생각날 때면 몰아 보는 예능이라면 <요즘 육아 금쪽같은 내 새끼> 정도다.

좋은 에세이집이 지속적으로 출판시장을 강타하는 것처럼, 본다면 평범함과 소소함이 담긴 일상예능, 관찰예능을 보길 좋아한다. 그런데 뭐라도 봐야겠어서 우연히 재생한 <집사부일체>*가 재미있어서 몇 편 보다가, 흥미진진한 심리실험에 즉흥적으로 함께 참여해 봤다. '비 오는 날의 내 모습'을 그리는 그림심리실험이었다.

---

* 이 글의 초고는 2020년에 썼다.

출연자가 전부 그림을 그리고 거기에 전문가의 심리 소견, 해석이 공개된 후에 '엇! 그렇다면 나도…' 하면서 참여했으니 당연히 전문가만큼은 아니어도 큰 틀 안에서 그림 요소의 대략적인 상징성은 들어 아는 채로 그림을 그리기 시작한 것이다.

각 그림 요소의 의미망과 얼개를 아는 상태였으니, 시험문제의 답을 미리 알고 그 사실을 안 들키려고 애써 틀린 답 몇 개를 적듯 무의식이 반영되지 않는다거나, 이로 인해 실험 목적과 효용 면에서 미심쩍은 결과를 낳을 수도 있었겠지만, 그럴 리는 없다는 판단하에 그리기 시작했다. 화면에서 주제가 부여된 순간부터 이미 그리고 싶은 비 오는 날의 내 모습이 있었기 때문이다.

하지만 영향을 받진 않았을 거라는 모종의 바람을 뒤늦게 뒷받침하고 싶을 뿐, 먼저 정말 정확하고 구체적인 이미지가 내 안에 존재했던 것은 아닐지 모른다. 하지만 만약 있었다 해도, 그리는 일의 천진한 몰입과 즐거움으로 내 무의식이 내 의식과 의지, 최초의 도안을 넘어 강화되었을 것이라고 생각한다.

어쨌든 미리 답을 들었대도, 정답이 없는 창작물의 이미지가 다르게 표현되거나 억제될 순 있어도 정반대로 강화되진 않을 것이었다. 누군가의 앞이 아니라 방에서 혼자 그리는 그림이었고, 무엇보다 그림을 그리는 일에서 발생하는 순수한 몰입의 힘을 믿었다. 서둘러 그림을 그렸다. 다음은 그 그림이다.

* 주제: 비 오는 날의 내 모습 *

어때 보이는가?

그림을 그리기 전에 들은 전문가의 말에 따르면, 실험에서 그림 속 **비의 양**은 '**현재의 근심, 시련의 양**'이다. 즉 어떤 사람이 비가 많이 내리는 그림을 그렸다면, 지금 고민이 많은 것이다. 여기에 비를 바라보는 표정 등 그림 속 본인이 지닌 전반적인 분위기, 주변 건물, 보호구, 채색들로 더불어 그림을 그린 사람의 심리나 처한 환경을 파악한다. 한마디로 다른 두 사람이 똑같이 아주 많은 양의 비를 그렸대도 현재 두 사람의 심리는 무척 다를 수 있다.

비가 무척 많이 내리더라도 은은한 가로등이 비추는 길목에 우산을 들고 서서 내리는 비를 행복하게 바라본다면, 그 사람의 현재 심신은 안정되고 평화로운 상태다. 또, 비가 많이 내리더라도 비를 피하도록 돕는 안정적인 구조물 안에 들어가 내리는 비를 느긋이 바라보는 그림이라면 그이는 자신을 착실히 잘 돌보고 보호하는 상태다. 반대로 작물이 자라는 엄청난 평수의 비 내리는 밭을 그다지 튼튼해 보이지 않는 정자에 앉아 바라본다면, 자신의 과업에 대한 강박, 욕심, 조급함이 마음에 자리 잡은 수가 큰 것이라고 한다. 가장 놀라웠던 점은 학술적인 관점에서는 도화지에 그려진 빗방울의 개수까지도 일일이 세서 기록하기도 한다는 점이었다.

그렇게 조금은 뒤이어 탄생한 '비 오는 풍경 속의 나'.
그림을 그리고 나서, 정신을 차리고는 약간은 놀랐다.

첫째는 해석을 들은 다음이었지만, 내 상태나 심리를 역의도할 생각은 조금도 못 하고 너무도 신나게 몰입해 비 오는 풍경 속의 내 모습을 그렸다는 점 때문이다. 그림 하나를 즐거이 그린 내 상황에 깜짝 놀랐을 정도였다. 뭘 더 추가하고, 완벽히 표현하고 싶은지를 지속해서 고민하다 잠에서 깨니 손에 펜을 쥔 나를 마주한 것 같았다. 그만큼 몰두했다. 그런 뒤 탄생한 그림은 내가 생전 떠올려 본 적 없는 곳에 머물면서도 비 오는 풍경 속에 자리한 내 모습이었다.

둘째는, 비의 양이 무척 적어서다. 정말로 저 이상의 비는 내려야 할 필요를 느끼지 못했고, 오직 저만큼**만**이 딱 옳다고 느꼈다. 자세히 보면 그린 비들의 각 길이 자체도 굉장히 짧다. 살면서 내가 그림을 그렸던 저 당시 정도의 안정감과 평화를 느끼고 지녔던 시기는 많지 않다. 글을 다루는 일을 하겠다고 마음먹고 실천하기 시작하면서부터 만족감을 지녔던 시기여서 평화에 머묾이 가능했던 것 같다.

셋째는, 내가 비에서 나를 보호하기 위해 우산 안에 있음에도 모자 달린 우비를 입은 것도 모자라 장화까지 신게끔 그렸다는 점 때문이다. 보호에 대한 욕망과, 그 욕망을 넘어 '실질적'으로 나 자신을 굉장히 꼼꼼하게 감싸고 잘 돌보려는, 어찌 보면 과잉한 실천력을 목격해서 놀랐던 것 같다. 그게 그냥 너무 현실의 나 같았다.

그림을 그린 당시에는 '난 갈등에서 벗어나 있고, 보호구들로 날 착실히 보호하는 안정적인 상태에 있구나'라고 내 멋대로 생각했다. 그게 당시의 실제, 나의 너무도 평온한 마음 상태와 환경의 반영이기도 해서 새삼 놀라면서도, 내가 전경의 건물(그린 의도로는 가보고 싶었으나 당시 불에 타 소실된 노트르담의 성당)을 그리면서 그 안에 수많은 창문을 새겨 넣은 것에는 나름의 구체적인 해석이 필요하다고 느껴, 생전 해보지도 않은 "똑똑. 저 TV 보고 문의드리는데요…. 제가 TV를 보고 같이 실험에 참여해 이런 그림을 그렸는데, 해석 좀 해주실 수 있으실까요?"라고 해당 프로에 출연한 전문가께 내 그림을 의뢰하는 모습까지 상상하다, '왠지 내 해석도 그럴듯해'라고 생각하며 그냥 공책에 접어 넣어두고 말았다. 내 무의식을 그 이상 깊이 해석하고 싶지 않았고, 그때 난 프리랜서로 직업 전환을 시도했음에 안정감과 평화를 꽤 높이 느끼던 상태였다. 그러므로 내 마음의 깊이를 알 필요도 없었다. 아니, 더 깊이는 알고 싶지 않았는지도 모른다. 언제나 그렇듯.

반면, 몇 개월이 지나 다시 들여다보는 이 그림은 같은 그림임에도 건물의 수많은 창이 나를 감시하는 눈처럼 느껴지기도 한다. (이건 당시에도 느꼈었으나 내 성향이 그러함은 잘 알던 사실이므로 무시했다.) 또, 지나치게 적은 양의 빗속을 걸어가면서도, 게다 우산까지 썼음에도, 우비를 갖춰 입고 모자까지 쓰는 등, 과할 정도로 많은 보호구를 꼼꼼히 착용했다는 점도 왠지 모르게 슬퍼 보인다. (이건, 아마도 지금 이 여름이기에 상대적으로 더 갑갑하고 우습게 느껴지는 것일까?)

하지만, 보호본능이 지나치게 컸든 작았든 그것은 나의 항상성이기에 비 오는 양으로 보아 당시의 내가 평온했던 것만큼은 분명하다. 좋게 보자면, 심지어 많은 보호구들로 **한껏** 따뜻해 보이기까지 한다.

상황은 언제나 변화해서, 지금 내게 다시 '비 오는 날의 내 모습'을 그리라면 나는 곧바로 엄청난 폭우가 쏟아지는 장면을 그릴 것만 같다. 글과 함께하는 난, 저처럼 고요히 행복하기도, 세상이 떠나갈 만큼 울고 싶을 정도로 절망스럽기도 하다. 하지만, 함께하지 않는 난 내내 울기만 할 것이다.

6. 디자인을 시작한 이유

앞서 등단에 실패해 출판사에 들어가기로 했고, "인디자인 가능자 환영"이라는 단 한 줄의 구인요건에 무작정 인'디자인'을 배우기 시작했다고 말했다. 커리큘럼은 '포토샵/일러스트레이터/인디자인/출판' 총 4개 구성이었고, 이 중 '출판'의 비중이 작음에도 시작했다. 타인의 어깨너머로만 바라보던 디자인 툴을 배워보고 싶기도 했고, 국가에서 지원하는 프로그램이라 배우는 데 부담감도 적었다. 그때까지도 여전히, 나는 글 쓰는 일 외에는 딱히 하고 싶은 일도, 해야 한다고 생각하는 일도 없었다.

직장을 구하려는 또래의 사람이 모여서 수업을 듣고 이야기도 나누고…. 나이가 통일되어 있지 않을 뿐 학교였다. 큰 걱정이나 뚜렷한 계획은 없었다. 오만하게도 내 삶의 끝은 여전히 '작가적 삶'이라고 생각했기에 세부요소는 상관없었다. 그렇대도 잠깐 일한 광고대행사 업무처럼 답으로 정해진 가짜 체험 후기를 쓰며(심할 땐 같은 내용을 백 개 분량으로 비틀어 올리며) 삶의 윤리를 잃었다며 화장실에 들어가서 울고 싶진 않았다. 고객센터 일은 6시 정각이면 전화 회선이 차단되기에 추가 근무는 없었지만, 평소 삶에 소심히 쌓아온 불만을 상담원에게 다 풀겠다는 듯이 크게 잘못하지 않은 일로 협박을 일삼거나, 당시만 해도 상담원이 먼저 전화를 끊으면 안 됐는데 그 사실을 알고 악용하여 "네가 먼저 끊어, 그러면 되잖아"라고 목줄을 매고 삶을 조련질하듯 질긴 줄다리기를 시도하는 전화들을 하도 많이 받다 보니, 나중엔 고객이 더없이 상냥한 데도 한숨이 푹푹 나오고 잠시 답변을 기다리는 사이에도 욕지거리가 올라왔다. 그때 사람이 악마가 된다는 느낌이 어떤 건지 처음으로 배웠다. 나 자신이 돌변하는 느낌에 충격을 받은 다음, 뒤도 돌아보지 않고 퇴사를 결정했다.

이 세계를 겪어보지 않은 사람들은 "세상에! 요즘에도 그런 사람들이 있어요?"라며 반문하지만, 내가 일했던 2016년에는 전화 3~4통 중 1통은 꼭 꼬투리를 잡거나, 본인이 아닌데 상담 요청을 하거나, 이상성향의 사람이 불편사항을 우리의 실수라고 몰아붙인 다음, 그럼 불편하지 않도록 원하는 절차를 밟아드리겠다고 하면 받아들이지 않고 "그냥 네가 알아서 처리해, 난 확인이나 동의 못 해주니까"라며 왠지 애걸복걸하게 만들곤 했다. 지금은 상담원의 처우인식 캠페인 진행으로 업무 환경도 많이 개선되고, 내가 일했던 때처럼 무작정 고객에게 휘둘려야만 하는 상황은 아닌 것으로 안다. 다행이다.

그때 내가 겪은 일 중 가장 충격적이었던 일은 업무가 정확히 6시에 종료되는데, 오후 통화에서 자신은 6시 이후에만 **재통화**가 가능하니 무슨 일이 있어도 그때 잊지 말고 전화해 상황을 해결하라며 소리를 고래고래 지르고 거의 겁박하다시피 한 한 여성의 사례다.

당시 일하던 회사의 근무 양태부터 먼저 설명해 보면, 한 건물이 통으로 고객센터 건물로 업무는 100% 같지만 각 층에 다른 파견업체가 위치해 일을 나누어 하는 형태였다. 즉 겉으로는 "○○사 고객센터" 하나지만, 3층에는 A 업체, 4층에는 B 업체, 5층에서는 C 업체가 동일한 업무를 하고 매일매일 결과가 수치로 비교되는 경쟁 시스템이었다. 고객센터 번호는 당연히 대표번호 하나였다.

말이 나와서 말인데, 이 책이 **가장 낮은 곳**에 위치한 사회 매개체의 이야기를 다루는 만큼 내가 파견·하청업체가 자본주의의 가장 속된 시스템 중 하나라고 생각하는 이유를 잠시 얘기해 볼까 한다.

* 파견, 하청업체가 비겁한 시스템인 이유 *

첫째. 파견업체 대부분은 단기 계약, 무기 계약직으로 사람을 채용한다. 그로 인해 사람을 용이하게 다루고, 근로자 스스로 불안감에 회사에 충성하게 만들려는 의도가 있다. 내가 일한 고객센터에서는 나처럼 정신적인 피로감과 급습하는 공포감에 근무를 하다 말고 갑자기 자리에서 벌떡 일어나 무언가를 결심한 듯 그대로 집으로 돌아가거나 며칠 나오다 마는 사람이 어림잡아 60~70%는 될 정도라 되레 나간다는 사람을 붙잡았지만 말이다.

둘째. 한 치의 차이도 없는 똑같은 업무를 여러 파견, 하청업체에 나누어 주는 경우, 업체 간 경쟁이 붙는다. 각 파견업체의 대표, 팀장끼리의 경쟁이 치열하다. 100% 동일한 업무를 다른 회사가 나눠 하는 만큼, 자사(각 파견사)의 실적이 높아야 본사로부터 공을 인정받아서다. 본사는 싸움터에서 팔짱을 끼고 자연스럽게 최대 이익을 얻으며, 더 편리하고 가벼운 방식으로 '성장'한다.

셋째. 치명적인 잘못이나 문제가 발생했을 때, 꼬리 자르기로 면책할 수 있다. 일종의 에어백인 셈이다. 파견업체의 자체적인 잘못일 경우 해당 업체가 당연히 책임을 져야겠지만, 본사의 관리 부족이나 잘못인 경우에도 덤터기를 쓸 수 있다. 파견업체는 한마디로 그들이 고용한 단기 혹은 무기 계약 근로자의 신세와 동일하게 그들에게 업무를 분담한 본사에 위태로운 충성을 바친다.

여기서 앞서 컴플레인을 건 여성의 전화가 충격이었던 이유는 전화 종료 후 알고 보니 내가 5층 C 업체 소속이었다면, 그는 3층 A 업체 소속의 직원이었던 것이다. 즉, 나와 완전히 **같은** 일을 하면서 팀마다 다른 점심시간에 '자신이 일하는' 고객센터로 전화를 걸어서, 자신과 동일한 조건에서 완벽히 동일한 일을 하는 나에게 별일도 아닌 것으로 포악한 컴플레인을 걸고(게다 치명적인 문제가 있었대도 자신이 상담사니 누구보다 원인과 해결방법을 잘 알 터인데), 저녁 6시면 회선도 차단되고 모두 퇴근해 건물에 **아무도** 남지 않음을 다 알면서, "나 일 6시 넘어서 끝나니까 그때 지나서 전화해! 나 지금 시간 없어"라며 반말 조의 명령을 내린 것이다. 그러곤 자기 점심을 먹고 태연하게 자리로 복귀해 헤드셋을 끼고 나와 같은 일을 시작했겠지. 그러니까 그녀의 "나 일 6시 넘어야 끝나니까!"라는 말은 사실은 "우리 일이 6시면 끝나니까!"였어야 했던 것이다.

이런 경험들을 적지 않게 하고 나니, 직장생활 자체에 목적을 두지는 않더라도 일하는 동안은 최소한의 윤리적인 문제의식이나 의문, 저열함에서 자유로워야겠다는 생각이 들었다. 그동안 선택해 온 일들에는 아르바이트 개념이 강했다. 어렵지 않게 선택해서 임했다. 하지만 상황이 이렇게 되니 자연스럽게 글과 관련된 저변의 일들을 더 탐색해 보자고 생각했고…, 했고…, 그랬는데…, …'디자인'을 배웠다.

학원에서 하나하나 배우다 보니 재밌었고, 내가 좋아하는 책을 직접 만들고 꾸민다는 것도 신기한 마음이었다. 그 잠깐의 배움으로 디자인이 무엇인지, 어떻게 하는 건지 조금이나마 알았으랴. 초급생 수준이었다.

그렇게 흘러 흘러 디자인을 전공하지도, 글은 전공했지만 정작 글 편집 공부는 제대로 해보지도 않은 채로, '국문 전공+디자인 잠깐 배움'이라는 출사표로 작은 출판사에 입사했다.

*

사람들은 말한다.
아무리 좋아하는 일도 직업이 되면 재미가 없어지는 법이라고.
좋아하는 '작업'이 '직업'이 되면 재미가 사라지는 이유는 큰 틀에서는 하나같다. 바로, 돈 아닐까?

* 아무리 좋아하는 일도 직업이 되면 재미 없어지는 이유 *

① 회사원이 되면 돈 주는 사람(클라이언트)과 받는 사람(회사 대표, 직원 등 관계자) 사이에 발생하는 알력을 관리해야 한다. 의견을 맞춰야 하고, 주장하거나 받아들여야 하고, 정해진 기간 내에 일이 '완료'돼야 서로 남는 장사가 되므로 긴장도, 스트레스가 생긴다.

② 같은 일에 돈이 '다시' 드는 상황을 만들면 안 되므로, 기술적인 면에서나 이성·감성적인 커뮤니케이션 면에서나 실수가 허용되거나 장려되지 않는다. (물론 실수는 언제 어디서나 일어난다.) 이에 반해 효율성을 높이는 것은 최고의 가치가 된다.

③ 함께 모여 회의는 하지만 대부분 최종 결정은 월급 주는 사람이 한다. 그 의견에 따라야 함은, 그 사람이 모든 것을 책임지는 사람이기 때문이다.

④ (성장 동력이 거의 없는, 정해진 업무의 규모가 반복되는 작은 회사일수록) 더 전투적으로 일한다고, 퇴근하고 남몰래 더 연구하고 잔다고 돈을 더 주지는 않는다. 물론 그 틀을 깨부수는 사람도 있으므로 일반화할 수는 없다. 하지만 성장이 정체된 회사에서는 일을 잘할수록, 못하는 사람한테보다 일을 계속 더 많이 시키거나 더 중요한 프로젝트를 계속 맡긴다. 말했듯, 돈을 더 주지는 않는다. 그래서 점차 일에 몸을 사리게 되고, 이는 동료·회사·체계에 대한 불평이나 삶에 대한 회의로 이어진다. 스스로 이 감정들을 딛고 더 열심히 일해서 몸값을 올리지 않으면서도 현실을 개탄만 하거나, 후에는 철저히 받는 만큼만 일하자는 심보가 생긴다. 악순환의 시작이다. 작은 회사의 많은 사원은 입사 1~2년 차부터 이 악마의 루틴을 시작하고, 반복한다. 어디까지나 내 경험이지만, 둘러본바 이런 경우가 적지는 않았다.

그런데 나의 경우엔, 이전엔 심지어 디자인을 좋아해 본 일조차 없었다. 사실, 디자인이 무엇인지 잘 몰랐다. 그런 만큼 평소 일상에서도 디자인적인 개념이나 에센스가 전무해 디자인을 할 때마다 늘 모호함과 싸우는 기분이 들었다. 천성적으로 텍스트 친화형 인간인 데다가 자라며 글에 관해서만큼은 그럭저럭 잘한다 소리를 들어왔으니 디자인적 사고라는 건 크게 할 일이 없었다. 그런 상황에서 입사했으니 **글**과 **디자인**이라는 복합 업무 속에서, 교정을 할 때는 몸에 맞는 날개 달린 옷을 선물 받아 급히 입고 활개 치며 돌아다니는 기분을 느끼면서도, 빨리 처리해야 한다는 강박에 폭격이 쏟아지는 벌판 위에 선 것처럼 마음이 메말랐고, 눈알은 빠지는 듯했다. 일하던 출판사 특성상 질 좋은 원고가 많지 않아서 정성을 투여해 원고를 다루고 싶은 갈증이 늘 일었다. 질이 좋지 않은 원고라면 누군가라도 나서서 최소한의 질로는 가꾸어 줘야 하는 건 아닐까 생각했다. 더 직설적으로 말하면 출판시장의 윤리에 일침을 가하고 싶은 마음도 커졌다. 크게 아래의 두 가지 이유에서다.

첫째. 어떤 사람이 폭발할 듯한 아이디어로 겉보기엔 꽤 그럴듯하게 책 한 권의 얼개를 구성하고 갖은 지식, 사료, 경험을 욱여넣어 글쓰기를 완료했을 때, 그것이 열정의 깊이일 수는 있어도 곧바로 글의 퀄리티를 보장하지는 않는다. 더 좋은 글이 될 잠재력, 가능성이 있는지는 면밀히 검토되어야 하고, 부족한 부분은 다른 사람과 협력해서라도 메울 수 있어야 한다.

나는 충격적일 정도로 글쓰기의 기본 작법과 책으로서의 논법이 엉망인 원고들을 많이 봐왔다. 그 다음는 정도가 기본 교정·교열을 넘어 거의 전(全) 문장을 손보아야만 타인에게 읽히기가 가능해지는 정도의 윤문, 나아가 처음부터 원고 작성에 대필자의 절대적인 도움을 받았다면, 그것을 작가(라지만 '구술자'에 가까운) 이름 옆에 엄연히 '윤문자'나 '대필자'로 함께 표기해야 한다. 그래야 글을 다루는 일들에 권위가 생기고 그에 걸맞은 가치도 살아난다. 글이 제대로 대접받고, 확장되고, 존중받는다. 업의 자리도 생겨난다.

그런데 '윤문'까지는 교정·교열에 연결된 개념으로 이해해 따로 표기할 필요를 못 느끼는지는 몰라도, '대필자'는 원고를 쓴 장본인임에도 아직까지 절대적으로 숨는 위치에 있다. 직접 쓴 글도 아니면서 왜 자신의 이름으로만 책을 내는 게 당연하게 여겨지는 건지 모르겠다. 글 전문가의 도움을 빌린 게 숨겨야 할 일인 걸까? 어떤 분야의 책을 쓰겠다고 결심할 정도면 그 분야에 내공이 있고, 이룬 게 있거나, 평소 깊은 관찰을 해온 사람이라는 의미일 텐데, 그 성과로도 충분하지 않나? 글은 좀 못 써서, 혹은 시간이 없어서, 대필자와 작업해도 되는 것 아닌가? 사람이 어떻게 모든 것을 다 가질 수 있나? 아니, 다 가져야 하나?

둘째. 책의 구성을 포함해 쓰인 글의 퀄리티가 완전히 동일한 원고라고 할지라도, 적은 자본으로 알차게 시도해 보는 '독립출판'과 돈으로만 쉽게 여러 권의 책 제작을 시도해 버릇하는 '자비출판'은 다르다.

이 출판 방식은 돈을 사용하는 방식으로써 책을 다루고 대하는 태도를 투영한다. 출판의 성질이 다르므로 목적도 결과물도 다르고, 해당 과정을 선택하는 사람들의 캐릭터도 다르다. (일반화시키는 것이 아니라, 큰 틀에서의 특성은 존재한다.)

물론, 나는 책을 만들고 글을 쓰려는 누구에게나 도전의 기회는 존재해야 한다고 생각한다. 유통에 필요한 부속 업무를 대행해 돕는다는 자비출판의 취지도 좋다고 생각한다. 다만, 당장의 이익 앞에 만듦을 허용하는 원고의 품질적 허들이 점차 낮아지다 보니 내 눈에만 그런 건지는 몰라도 문제가 생긴다.

일단 '독립출판'의 경우, 외형적인 부분에서 사람들이 독립출판물임을 감안하고, 사고, 읽는다.* 요즘엔 퀄리티와 창의성이 뛰어난 독립출판물도 많다. 고르는 즐거움이 커졌는데, 무엇보다 '독립

---

*   이제는 독립출판 시장도 넓어져 기존 출판 관련 종사자들이 홀로, 혹은 합심하여 만드는 경우도 많다. 하여 여기서는 전에 출판과 디자인 업무를 경험한 적이 없는 일반인이 출판에 도전하는 경우를 예시로 한다.

출판'의 가치는 열정과 분투의 흔적에 담겨 있다. 글과 삶에 대한 사랑. 그래서 서투른 제작 사양과 가독성도 글에 이미지와 힘을 부여한다. '돈'이라는 성과에서 자유롭기 때문에 역설적으로 아이디어가 넘치고, 더 본질적인 바를 디자인으로 표출한다. 형식에 제약받거나 자본을 둘러싼 힘겨루기에 얽매이지 않는다. 창작자 스스로 자유로워서다.

나의 디자인 코흘리개 시절 창작물도 비슷했다. 언젠가 내 디자인 입문생 시절 포트폴리오를 열어보고는 놀란 적이 있다. 디자인 아이디어와 퀄리티가 기술과 형식을 어설프게 습득해 아는, 그러나 역설적으로 그 앎에 갇혀버린 지금보다 형식과 표현 영역에서 더 논리적이고 아이덴티티도 풍부했기 때문이다. 자평하자면 지금은 어느 정도 형식이 잡힌 디자인을 주로 만들어 내는 듯하다.

그러나 '자비출판'의 경우, 출판사의 세련된 카피 문구와 **디자인적 보조**를 받아 세상에 나오므로, 사람들은 그것이 발굴되고 다듬어져 기획된 '글, 구성, 메시지(내용)'를 지녔다고 생각하게 된다. 하지만 '독립출판'에 비해 내용적 퀄리티가 못하거나, 제작 환경에 쫓겨 필연적이어야 할 윤문이 가해지지 않은 경우, 글쓴이가 쓰고 싶은 대로 써서 출판사에 맡긴 글이므로 무쓸모한 경우도 많다. 앞서 말했듯 이는 (너무도 쉽게 '작가'라고 불리는) 그 무수한 출간을 시도하는 사람들만의 잘못이라기보다는 출판사 스스로 점차 출판할 글의 허들을 낮추기 때문이기도 하다. 그런데 그것이 구매자(독자)에게는 출판사라는 책의 '출신'과 전문가의 '디자인'으로 꾸며져 '그럴듯한' 글일 것이란 기대감을 낳기에 독자의 만족도 측면에서 결국 문제를 산다.

물론 그 안에서도 소금 결정처럼 눈을 뜨이게 하는, 필요한 이에게 큰 도움이 될 뛰어난 원고도 만나지만, 결과적으로 '판매할 책으로는 안 만들면 더 좋은 글'임을 알면서도 낮아진 출판의 허들 아래서 책을 만들고, 한번 허들이 낮아지니 점차 그 범람의 강도는 높아지고, 일단 만들기로 계약했으니 일에 관계된 사람들은 **펼쳐 보기 전까지는 속이 보이지 않는** 글보다는 어디에 내놓아도 주눅 들지 않을 디자인에만큼은 항시, 집중하게 된다.

글쓴이든 출판사든 디자인에 진심인 건 마찬가지다. <u>글은 어떻든 디자인은 예뻐야</u> 한다. 그래야 책 제작에 돈을 지불한 글쓴이(고객)에게 작업의 결실을 증명하고, 덤으로 지나가던 독자가 매료돼 구매까지 한다면 금상첨화다. 그 뒤의 여파란 없다.

아니 있겠지만, 생각하지 않는다.

이런 이유로 나는 글의 품질, 제작의 허들을 심각하게 낮춘 형태의 출판은 하지 않는 게 옳다고 생각하지만, 자본의 속성에까지 개입할 생각은 없다. 사람들이 필요를 느끼는 서비스라면 존재할 수 있다고 본다. 여기서 말하고자 하는 바는, 글쓰기 아마추어라면 책 낼 생각도 하지 말라는 뜻이 아니다. **글다운 글, 책다운 책**으로 갈음하겠다는 목표가 먼저고, **그다음 곳**에 자본의 논리나 영역이 존재해야 한다는 얘길 하는 것이다. 출판사와 글쓴이 모두에게 마찬가지다.

그리고 바로 지금, 이곳이다.

이 **첫째**와 **둘째** 사이를 오가다 스스로 망가진 시장의 윤리가 글쓰기와 디자인 사이의 격차를 내게 보여주었다. 나에게 평생 글쓰기는 하늘이었지만, 이 세상에서 글은 땅의 위치였다. 무례한 말일 수 있지만 자신의 이야기를 책으로 만들어 세상을 살아낸 공적의 지표로 삼으려는 사람들의 본원적인 욕망을 들여다보면, 책을 만드는 일이 글을 제대로 대접하고 사랑하는 일과는 큰 상관이 없음을 금세 알 수 있다. 방점은 삶의 흔적을 남기거나 드러내는 것이기에, 무엇보다 먼저 제대로 된 글을 만드는 데 자본을 투여할 생각이 없다. 관심은 책을 '만드는 데' 있으므로, 돈은 '책을 제작하는 데' 쓴다. 아니, 글**에도**, 신경을 써야 한다고 **아무도 알려준 바가 없다**. 자신이 마무리한 글이므로 이미 완성됐다고 보는 마음 또한 강하다.

여기에 이윤을 남겨야 하는 출판사 입장에서는 엉망인 글을 제대로 고쳐내거나, 원고를 반려하거나, 더 나은 글로 만들자는 제안(프로젝트)을 건넬 마음의 여력이 없다. 여기서 다시 위의 **첫째**와 **둘째**의 관점을 투여해 논의를 확장해 보자.

[질문 1] 책의 주인이 아닌 글의 주인은 누구이며, 어디에 있는가?

세상 일반의 인식에서, 누군가가 어떤 이의 어설픈 글을 제대로든 속성으로든 바꿔주더라도, 이상하게 그 글의 주인은 초안자가 된다. 읽기 힘든 글을 **새 글**로, '읽을 수 있게' 고쳐주더라도, '책의 주인'이 아닌 '글의 주인'은 초안자다. 윤문자나 대필자의 공식적인 자리가 확보되어 있지 않아서다. 판권면에 '편집자'와 '교정자'는 표기되지만, 이는 새 글을 탄생시키는 수준의 '대대적인 윤문'과는 엄연히 다르며, '대필' 또한 그 성격이 다르다.

공적인 자리가 없는 윤문자나 대필자는 자연히 더욱 숨은 존재가 되어 사람들은 그들의 필요성이나 존재했던 자리조차 느끼지 못하게 된다. 그렇게 됨으로써 어떤 윤문자나 대필자는 점차 더 속성으로 원고를 볼 권한을 갖는다. 고객도 '매끄럽게 다듬어진 글'의 주인이 **계속해서** 자신이라고 인식한다. 서로가 책임에서 자유로워지고, 역할은 방기된다. 이 바탕에서 윤문은, 교정에 덧붙는 약간의 서비스 개념이 되어 가뜩이나 퀄리티가 떨어지는 원고가 더욱더 정교해질 기회를 잃는다. 결과가 어설프더라도 서로가 애초에 용인한 결과다. 숨겨진 자리이므로 이 직업, 절차의 존재를 모르거나 관심이 없는 이도 적지 않다.

그런데 아무리 겸손한 사람이라도, 자신의 책이 출간된 후에 진짜 딱 1~2권만 팔리고 말 거라고 생각하는 사람은 없다. 책을 통해 사람들에게 새로운 이야기를 들려주고, 어젠다를 제시하리라 기대한다. 그렇기 때문에 "안 팔릴 줄은 알았지만 정말 안 팔리네요"와 같은 말이 나온다. 이때, 한때나마 글의 다듬새에 자신의 명운을 걸고자 했던 '글의 진짜 주인'이던 사람들의 속마음을 돌아가 들여다보자. 글에 대한 하늘 같은 사랑이 존재하지 않는 환경에서 글을 다뤄낸 그 사람은, 사실 '책의 주인'에게 미리 사실대로 말하지 않았을 뿐 이미 그 원고에 대한 기대가 하나도 없다. 나는 자연스레 내 안에 가라앉은 그 대기와 물성을 부수고 싶었다.

[질문 2] 책에서 디자인이 중요한가, 글(내용)이 중요한가?
둘 다 중요하다. 하지만 이건 본원적인 질의 기준이 어느 곳에 확립되는 것이 옳으냐에 대한 질문이다. 글 혹은 기획이 형편 있을 때는 요즘 시대에 어쩌면 디자인이 더 중요할 것이고, 그렇게 되도

록 애쓰는 일이 마땅할 것이다. 하지만 글이 형편없을 때도 디자인은 더없이, 그래서 역으로 중요해지는 건 무척 이상하다. 즉, **디자인은 언제나 중요하다**. 글이 훌륭할 때도, 별로인 글을 감추거나 포장해야 할 때도.

고객은 자신의 글과 책 쓰기 능력(단순한 문장력이라기보다도 구성, 맥락 잡기 등 총체적 의미로서의 집필 능력)이 균질하며 형편없다고는 생각하지 않으므로 디자인도 꼼꼼히 신경 쓴다고 생각한다. 그런 고객에게 제대로 된 디자인을 보여주는 일은 출판사 입장에서도 중요하다. 책을 내려는 사람은 자신의 글에 자신감을 가진 사람이다. 그 사람에게는 넘겨진 **글이** 출판사에서 어떻게 다뤄질지는 크게 중요한 문제도 아니다. 고치면 싫어하는 사람도 있다. 글이 엉망이지만, 고쳐달라고 요구하는 사람이 내외부로 없다. 고치는 데 들어갈 시간을 불편해할 사람만 많다.

그런데 **디자인**은, 고객에게 절대적으로 없는 기술이다. 그렇기에 찾아와 맡긴 것이고, 적극적으로 의견도 낸다. 제작자 입장에서, 디자인만큼은 고객이 '가지지 못한 기술'로 잘 만들어졌음을 보여주고 어필하는 일이 또 **여기서** 중요해진다. 본질적인 문제는 다시 멀리 사라진다. 이왕 만드는 거 여여쁜 디자인 덕으로 책을 한 권이라도 더 파는 것이 일과 관계된 누구에게나 좋기 때문에도 그렇다. 글을 읽고 황당해할 독자에 대한 배려는 없다.

최종적으로 바로 여기에 현대사회의 디자인이란 하늘이 있었다. 비단 출판업 이야기를 넘어서, 세계의 어떤 작업이든지 이제 비중 면에서 일차적 우위를 지니는 것은 디자인으로 구현되는 가시성과 이목의 집중도다. 물론 그것이 전부라는 이야기는 절대 아니다. 그렇게 될 수도 없다. 디자인의 중요도를 배척하는 것도 아니다.

다만 내 경험에 한해, 출판 프리랜서 시장에서는 기술적인 거리감 때문인지 디자인 작업의 수가가 글 작업의 수가보다 많이 높았고, 디자인 작업의 경우 작업자의 프리미엄에 따라 치솟기도 했지만, 글 작업의 수가는 비교적 낮은 곳에 수평적으로 자리한 편이었다. 물론 정답화할 수는 없다. 나도 디자인을 하는 만큼 디자인 업계에도 힘든 점이 많음은 안다.

 나는 글과 함께하고 더 잘 함께 있기 위해 디자인을 배웠는데, 이곳에서 내가 목격한 건 땅 위의 글이었다. 결국 지금처럼 그 땅 위에 함께 엎드리는 일을 택했다. 이 글들과 이 책을 씀으로써 말이다.

*

내 생각은 이렇다.

책 만드는 기술을 빌려주고, 책을 팔아주며 관리하는 일도 자본의 영역이 되어야 한다. 하지만 글의 품질적 허들을 낮추어서는 안 된다. 한번 낮아진 허들은 무엇이 어디서 잘못됐는지도 모른 채 계속 낮아진다. 이 허들을 낮출 것이 아니라, 반대로 높여야 한다. **글을 제대로 고치고 쓰게 하는 일도** 자본의 영역으로 초대해야 한다. 적게 받고 빨리빨리 대행해 주는 관행이 아니라, '제대로 받고 제대로 다뤄내는 윤리'가 필요하다. 글의 윤리는, 나아가 그 글을 담는 출판의 윤리는, 바로 그곳에서 출발한다.

글과 내용이 훌륭함에도 디자인이 별로여서 책을 집지조차 못하게 만든다면 그 역시 잘못이고 결례겠지만, 디자인이 '그럴듯해서', 출판사에서 '제작된 책이라서' 믿고 샀는데, 글이 엉망이고 책의 기초조차 확립되지 않아서 화나는 책은 만들지 말아야 한다.

그렇게, 나는 다시 혼자가 됐다.

7. 실패하고, 지적받더라도
(ft. 햇병아리 프리랜서의 삶)

서로 초면인 사람의 글을 의뢰받아 용도에 맞게 다듬은 다음 전송하려다 보면, 순간 이런 상상이 들 때가 있다. 바로 "어떻게 일을 이렇게 해놓으셨어요?"라는 목소리를 듣는 일이다.

상대가 설명한 글의 목적이나 요건에 맞춰 최대한 다듬기는 하지만, 의뢰받는 작업의 성격들도 다르고, 의외로 손댈 구석이 많은 글보다 완만한 듯 평이한 글을 전해 받을 때 더 조심스럽다. 글의 상태가 나쁘지 않은데 조금 달라진 내용에 만족이 될까 싶어서다.* 언젠

---

* 작고 까만 글자 위에서 모든 것이 이루어지는 글 수정 작업의 특성상, 가시적 변화에서 오는 효용성, '수정'이라는 퍼포먼스에 대한 직관적인 만족도는 시작부터 끝까지 가시적인 디자인에 비해 어쩔 수 없이 조금은 떨어지는 것 같다.

간 5분 남짓 걸린 수정에 "작업이라고 하기도 뭐 하고 잘한 건지도 알 수 없으니 활용 가능하면 쓰십사" 그냥 드린 적도 있다. 그런데 수정이 무척 잘됐다며 추가 작업을 요청하고 싶다고 하셨다. 나는 그분이 내게 의뢰하며 어떤 내용이 들어갔으면 한다고 꼼꼼히 설명한 글에 이미 모든 답이 다 들어 있어서, 보내면서도 다른 사람이 불러준 답을 대신 체크해 내 시험지라며 내는 기분이었다. 내게 써준 설명글이 곧 모범지인데 왜 부탁하는지 궁금하단 생각도 했다. 하지만 상대 입장에서 생각해 보니, 내가 일상에서 행하는 어떤 소비행위는 내가 각 잡고 배워본 적이 없어 직접 할 수 없고, 그래서 타인에게 **대리**하는 일이듯, 그분도 정말 능력이 없어서라기보다는 이렇게 쓰는 것이 맞을지에 대한 의문에 본인 대신 맞서줄 사람을 찾은 게 아니겠냐는 생각이 들었다. 물론 정말 잘하지 못해 맡기는 경우가 더 많기는 하겠지만 말이다.

애석하게도 나는, 그분이 내가 대리해 주길 바란 감정인 "이게 맞다"라는 확신과 자신감보다는 그분과 동일한 의문을 지닌 채로, 내 글이 상대에게 줄 감정과 감응을 전혀 파악하지 못한 채로 일을 마무리한다. 언제든지 "맘에 안 들어", "이상해!"라는 평을 들을 각오로 임한다. 삶의 통속성이라고 느끼기도 하는데, 모든 일은 깊이 생각할수록 참 모호하다. 살아갈수록 모든 것은, 점점 더 안개와 같다.

위 예시처럼 작업 분량이 무척 짧거나 사용하겠다는 용도가 너무 거창하지 않을 때, 잘했는지 오히려 확신이 더 안 선다. '상대가 원하는 건 무엇일까?', '내 작업이 그 이상을 실현해 주었을까?' 묻고 싶다.

그래도 친구 앞에서는 "디자인을 아예 그만할까 생각해. 글은 몸에 맞은 옷을 입은 듯 읽으면 어떻게 기술을 부려야 할지 알겠거든? 그런데 디자인은 너무 모호해. 내가 한 작업을 계속 보고 있으면 이상하게도 보이고, 다시 보면 꽤 괜찮게도 보여. 내가 죽어도 이상하다고 생각한 디자인을 상대가 마음에 들어 하면 또 괜찮아 보이기도 하고 내가 영 이상한가 싶어"라고 말하는 걸 보면, 난 같은 문제를 두고도 어떨 땐 지나치게 자신감이 넘치는 사람인 듯도, 반대로 누구나 지니는 평범한 두려움 앞에서는 미리 쉽고도 심각하게 굴복해 버리는 사람인 듯도 하다.

이처럼 작업물에 '완성'이라는 상태를 붙여 상대에게 전달할 때는 설렘과 두려움이 가미된 떨림이 부상한다. 퇴사해 막 한두 개의 작업을 시작했을 때는, 정말인데 완성본 전달에 앞서 '두근두근'이라는 부사가 내 심장에서 직접 말소리를 냄을 느꼈다. 또 이 책을 쓰고 내업을 걸고 하는 모든 글 활동을 나와의 투쟁이라고 느끼는 것도, 교정자이자 윤문자로서 자신의 글을 써 내려가는 일이 강도 높은 검증의 문을 통과하는 중압감을 동반하는 작업이기 때문이기도 하다. 물론 살면서 글 못 쓴단 얘기는 들어본 적이 없지만, 그렇다고 소름 끼치게 잘 쓴다는 말을 들어왔다거나 크게 두각을 나타낸 바도 없고, 상대의 마음에 흡족한 정도로 작업을 했는지 아닌지는 공식적인 인사를 듣기 전까진 알 수 없다.

공식적인 인사의 진위도 내 자의적 해석에 맡겨진다. 내가 보낸 글이 목적에 맞게 잘 보완됐다고 느낄지, 지불한 금액만큼 효과를 봤다고 생각할지 아주 또렷하게는 알 수 없다. 그러면서도 단순히 상대의 평으로만 이 업무의 숙련도를 파악해서는 안 된다고 생각하기 때문에 나를 위해 최선을 다할 뿐이다. 솔직히 왜 이렇게까지 글과 나 자신을 분리하지 못하는지는 나도 잘 모르겠다.

가만 보면 디자인은 상황에 따라 그만할지 말지 때때로 고민하는 반면, 글에는 내 심장이나 피부처럼, 상황상 함께 가지 못하더라도 영원히 내 것인 양 생각하는 어떤 '**피 붙임**'적인 의미가 있는 듯하다.

그래서 여기서 착안해 느낀, 우리가 인생을 살며 자주 진실로 이해하는 명제 중 한 가지를 뒤집어 이야기해 볼까 한다.

"자신이 진심으로 좋아하는 일을 하면 잘하고 성장하게 된다"라는 말에 동감하는가?

흔히 사람들은 "좋아하는 일을 하면 자연히 잘하게 된다"라고 여긴다. 그래서 "좋아하는 일을 하렴, 그럼 성공할 거야"라고 조언한다. 좋아하면 남들보다 더 열렬히 탐구하고, 곁에 두고 오랜 시간 함께할 테고, 그러다 보면 잘하게 되리라는 의미일 테다. 언젠가 자기계발 시장을 강타했던 '1만 시간의 법칙' 역시 꾸준히 지속하면 결국 쌓여**버리는** 양이 질을 만들어 낸다는 뜻이 아니었던가? 여기서 '버리다'의 의미는 능동적인 의지나 의도보다는, 하다 보니 수동적으로 자연스레 뒤따라와 덧붙는 '중첩된 힘'의 의미이고 말이다.

만약 자신이 좋아하는 일이라면, 그 일로 1만 시간 달성이 얼마나 쉽겠는가? 좋아하므로 자주 할 것이고, 실패하더라도 어떤 의미에서는 즐거울 것이고, 금방 1만 시간을 달성해 **잘하게 될 것**이다. 그래서 사람들은 어떤 일이든 "긍정적으로 생각하라", 혹은 "좋아하라"라고 조언한다. 좋아하면 전보다, 혹은 남보다 조금 더 잘하게 되는 것이 지당하니 성공하고 싶다면 감정을 잘 컨트롤(유인)해 좋아하게 만들라는 뜻일 테다. 그게 현명한 인생이다.

그런데, 난 예전부터 반대로 생각했다.

나는 사람이 좋아하는 일을 잘하게 되는 부분도 분명 있겠지만, 그보다는 태어나서부터든, 뒷날 발견하든, 자신이 타인보다 잘하는 일을 발견하면 결국 좋아하게 된다고 생각한다. 즉, 무언가를 먼저 좋아해서 그 감정의 힘으로 노력해 더 잘하게 되는 부분도 있겠지만, 가만 생각해 보면 다른 사람보다 이미 잘하는 탓에 알게 모르게 어떤 일이 더 좋아지는 경우가 많다. 먼저 좋아해서 그다음 잘해지는 경우보다는 이미 잘할 양분을 갖고 태어났기 때문에 이내 발견하고 좋아하는 감정이 싹트는 경우가.* 흔히 '재능'이라고 불리는 것 말이다. 자신 안에 태어날 때부터 이미 자신과 친화적인 것, 다른 사람보다 깊게 새겨진 장르가 운명처럼 존재한다는 뜻이다.

누구나 자신이 잘하는 분야를 발견하면, 스스로 그 일을 함에 있

---

* 그러므로 부모가 자녀에게 공부를 "재미있게 느껴보라"든지, "애정을 가져보라"든지 **선호**부터 갖추라고 권하는 것은 잘못된 목표 제시라고 생각한다. 공부를 잘하는 아이들은 공부를 좋아한 탓에 잘하게 된 것 이상으로, 이미 잘할 요소를 지녔기 때문에 몰입에 즐거움과 애정을 느끼고, 인생에서 필요한 여러 능력 중 선택해 지속한 경우가 많다. 공부를 안 하던 아이가 갑자기 공부에 매료돼 180도 다른 모습을 보이는 경우라도 마찬가지다. '좋아하기로 마음먹자' 변화가 생긴 것처럼 보이겠지만, 능력의 발아가 뒤늦었던 것뿐이다. 물론, 마음먹기는 어디에서나 중요한 변화의 요소겠지만 말이다.

어 다른 사람보다 훨씬 잘 **고양***될 수밖에 없고, 원리나 본능을 몇 단계 앞서 이해하며, 적극적으로 임하여 따르는 고통 속에서도 즐거움을 느낀다. 그런데 여기서 '**잘하는 일의 발견**'이란, 완전한 무지에서 독자적으로 갑작스레 깨닫는 본연적인 인지의 영역이라기보다는 타인의 칭찬의 형태를 띤 인정 어린 '언어'와 '문장'에서 태어나는 경우가 많다. 그 타인이 지나가던 한 명의 행인일지라도 말이다.

이해를 돕기 위해 모두 자신의 어린 시절로 돌아가 보자.

타인이 먼저 나는 그렇다고 생각해 본 적도 없는, "너 요리 참 잘한다", "너 노래 참 잘 부른다"라고 말해주고, 그걸 듣는 나의 뒤늦은 재능 인지, 매력 인지, 그 인지 득도의 과정 없이는, 이 세상의 그 누구도 자신의 재능(혹은 재능일지 모르는 작은 **흔적**들)을 결코 발견할 수 없다. 보통 자신에게 없는 소질을 상대성을 지닌 타인이 보일 때 눈에 확 띄고, 상대가 이를 입 밖으로 표현해 나도 '알게' 된다. 이만큼이나 세상사의 대개는 언어로부터 수립된다. 좀 더 언어주체적으로 표현하면, "**모든 것은 언어가 수립한다**".

---

* '고양'이라는 건 무척 특별한 감정이다. 일의 발로이자, 동기다. 삶에 효능감을 부여하는 원천이다.

나의 어린 시절로도 돌아가 보면 글쓰기 상을 많이 받았다. 그래서 내가 작가가 되기까지 이렇게 긴 시간을 노력해야 하리라고는 생각하지 못했다. 등단에 몇 년째 실패한 내가, 어느 순간 수상에도 계급이 존재한다는 사실을 인지하기 직전까지는 말이다. 그제야 보니 학창 시절 내가 받았던 글쓰기 상들은 아주 평범한 상들이었고, 어느 날 치른 신문사 면접에서 면접 담당자가 나에게 동의를 구하며 말했듯, **"이 땅에 잘 쓰는 사람은 많고, 어디든지 있었다"**.

*

내가 순전한 나의 재능, 이 세상에서 <u>글 쓰는 이</u>로서의 효용을 최초로 인식했던 수상 이야기를 하려면 엄마 이야기부터 꺼내야 한다.

내가 어렸을 때, 엄마는 내 학업에 기대욕구가 큰 편이었다. 웬만한 학교 행사엔 시간을 내 다 참여했고, 아마도 엄마가 권해서 준비했을 동시암송대회에 나가던 날, 그 많은 예시 동시(실전에서 어떤 동시를 외우게 할지 몰라서 미리 종이로 배부한 추천 동시를 전부 외워서 갔다)를 외우게 도움은 물론, 가장 돋보이라고 드레스까지 입혀 보냈다. 또, 당시엔 학생들이 일반 가정학습으로 잘 택하지 않던 플루트도 집에서 배우게 했고, 내 교육에 대해서만큼은 갖은 노력을 했다. 그 노력이 실효를 발휘했는지는 생각하면 슬프지만, 어쨌든 언젠가부터는 엄마도 엄마의 삶의 과제에 집중하면서 살아서인지 내 삶의 선택이나 형태에 대해서는 전혀 터치하지 않기 시작했지만, 당시 엄마의 갖은 교육적 노력 목록에는 '**대필**'도 있었다. 대필이라니!

엄마는 학교에서 글쓰기 대회가 열리면, 나 대신 글을 써주었다.* 그래서 초등학교 저학년 때 나는 어른의 터치가 가미된, '엄마의 글'로 종종 글쓰기 상을 받았다. 아무 어른도 초등학교에서 열리는 소규모 글쓰기 대회엔 관심이 없으므로 경쟁률이 지극히 낮을뿐더러, 어른이 다듬어 준 글이니 당연히 비교 우위에 서지 않았겠는가! 선생님들도 알고 계셨을 거다. 말하자면 그때의 상은, 다른 부모라면 그다지 욕심내지 않는 영역까지 엄마가 나서서 욕심을 내주었기에 내 몫이 된 상이었다. 그럴 만하다.

아침에 머리를 빗겨주고, 핀을 꽂아주고, 어제 신지 않은 새 양말을 신겨 학교에 보내는 일까지는 어떤 부모도 욕심낼 수 있다. 그런데

---

* 이 부분은 엄마는 내가 쓴 글을 약간 다듬기만 했다고 기억해 서로의 기억에 차이가 존재한다. 대부분은 내가 쓴 글이 맞다. 그러나 한 번 정도는 전적으로 엄마가 써 내려간 글이 있었고, 늦은 밤 벽에 붙여 사용하던 작은 접이식 책상 앞 옆은 스탠드 불빛 아래에서, 양반다리를 하고 앉아 열심히 원고지에 글을 써 내려가는 엄마를 뒤에서 내가 바라보던 기억이 난다. 그러나 이 또한 어느 날 꿈에서 봤을지는 정확하지 않다.

학교에서 글쓰기 대회가 열릴 때마다, 주제에 맞춰 쓰인 글을 점검하거나 대필해 들려 보내다니! 이 공조 시스템이 어디서부터 손발이 맞아, 어떻게 작동하기 시작했는지, 그리고 언제 끝났는지까지는 모르겠지만, 어쨌든 이 일에는 희소성이 없어서 오히려 희소가치가 생겼다.

어린 나에게 무슨 윤리의식이 있었겠는가? 수상이라는 영광의 트로피들을 기쁘게 받아 누렸을 것이다. 그렇게 나는 글쓰기에 스며들었다. 혹은, 본래 내 안에 스며 있던 것에 더 깊이 배였다.

그런데 엄마가 대필 원고를 써주었던 당시에도 나는 그 외 여러 글쓰기 과제에서 선생님의 관심을 받는다거나 칭찬을 받는 일이 많았다. 분명한 건, 나는 글 쓰는 일을 좋아했다. 고질적인 방학숙제 중 하나이던 일기 쓰기도 여느 아이들과 똑같이 개학을 앞두고 밀려서 작성하긴 했지만, 내게 괴로운 과업은 아니었다. 엄마가 대필자로 조금도 참여하지 않은 그 일기들을 보면 내가 글쓰기를 꽤나 즐겼고, 사람이나 세상을 관찰했고, 어휘 활용과 문장 구사 능력을 토대로 본 글쓰기 수준도 나쁘지 않았음을 알 수 있다. 성인이 된 후로는, 내가 어렸을 적 동화가 녹음된 카세트테이프를 켜둔 채로, 벽에 등을 기대고 다리를 쭉 뻗고 앉아 무릎에 책을 얹고 읽는 일을 무척이나 즐겼었다는 말을 이모로부터 들었다.

그럼, 애초에 내게 존재했던 어떤 편린의 모형으로 생긴 기대 때문에 엄마가 이 분야에서 더 성장하라고 나서서 원고를 대필해 주었던 것일까? 아니면 내가 어느 날 우연히 욕심을 내어 엄마에게 글쓰기 관련 조언을 구한 이후로 '옳다구나! 얠 이쪽으로 키워야겠다' 엄마의 대필에 발동이 걸렸나? 서로 명확하게 일치해 공유하는 기억은 없지만, 단 한 번이던 어떤 대회의 글은 말했듯 내가 초안 작업에조차 참여하지 않은 글이 분명하다. 그건 갑작스럽게 공고문이 내려와 붙은 어떤 글 대회였다. 내게 초안을 준비할 시간의 여유가 없었던.

혹은 전혀 다른 가정.

어쩌면 나는 글쓰기에 조금의 관심도, 능력도 없었는데, 엄마의 대필 원고로 상을 받는 일이 주위 사람에게 나의 글쓰기 실력에 대한 기대를 심어주었고, 나 역시 스스로 잘 쓴다는 착각에 취해 더 이 작업들을 잘 해내기 위해 이후로는 쭉 관련된 일들과 감정들에 몰입해 왔는지도 모른다.

잘하면 그다음 좋아하게 된다는 내 가설과는 출발점이 약간 다르기는 하지만, 피그말리온 효과를 떠올려 보면 말이 아예 안 되지도 않는다. 선생님으로부터 미리 "넌 잘할 것"이라는 진심 어린 기대를 받은 아이들의 학업성취 효과, 실제 학업성취도 이후 더 높아지지 않았는가? 역시 내 가설처럼 사람은 <u>잘하는 일, 혹은 잘한다고 여겨지는, 그럼으로 암암리에 자신이 잘한다고 **믿는** 일을 날이 흐르며 더욱 좋아하게 되고, 한 번 더 찾고 만다.</u>

그렇게 시간이 흐르자, 엄마는 점점 내 행세를 하며 쓰는 일을 대신할 수 없어 그 자리에서 물러났으며, 나는 자연스럽게 엄마가 물러난 자리에 들어가서 글을 쓰기 시작했다.

이렇게 말하면 어떨지 모르지만, ① 글쓰기 대회 개최 ② 참여 ③ 수상은 아침에 일어나서 세수하고 이 닦고 학교에 가고, 이 모든 일을 할 때 숨을 내쉬는 것처럼 나에게는 당연한 일이었다. (애초에 대회의 참여자가 적은 것도 이 '당연한 수상'에 큰 몫을 했다!)

그런데 중요한 건, 이때부터는 감수자이자 대필자인 엄마가 완전히 **빠진** 자리에 기존재인 내가 들어갔는데도, '수상'이란 기존의 결과가 계속해서 이어졌다는 점이다.

내가 잘하는 것, 사람들로부터 칭찬을 듣게 만들고, 선생님들로부터 기대감 어린 반응을 끌어내고, 스스로 내 안에 태어날 때부터 이미 무언가가 내재되어 **있었다**고 내 최초로 돌아가 기대하게끔 만드는 신비한 능력. 사람으로 태어나 얻는 작지만 최고의 영광. 어찌 그 일을 사랑하지 않을 수 있겠는가?

그래서 이젠 과감히 이렇게까지도 말해보려고 한다.

글쓰기는 내 운명이었다.

*

물론 그만큼 오랫동안 가장 내 깊은 곳에서부터 사랑해 온 일이기에 실수는 더 뼈아프고 치명적이다. 하지만 실수란 내가 모든 최선을 다한 후에도 언제든 일어날 수 있음도 염두에 두어야 한다. 오래 버티기 위해서라도 말이다.

한 사람의 눈과 두뇌로 모든 문장의 정보적 오류와 오타 확인, 표기 통일을 완벽히 해내기란 어렵다. 특히 교정·교열은 여러 작업자가 교차확인하는 과정에서야 익숙함이 간과시키는 익숙함의 덫에서 벗어나는데, 한 원고 작업에 여러 작업자를 고용하기 어렵거나, 한 사람에게 맡기더라도 여러 번의 교차확인으로 더해질 비용을 반문 없이 부담할 정도로 글에 완벽함을 기하는 사람은, 그게 아마추어 영역을 포함하면 드물어서 가끔은 실수가 더욱 필연적이다. 실수가 게으름을 합리적으로 두둔하는 말이 아니라 티끌 하나 없는 완벽함의 상대적인 의미일 때 말이다. 아무리 생각해도 글 교정과 편집은 시간의 효율과는 극도로 거리가 멀다.

 나는 대중을 대상으로 하는 출간물의 경우, 아무리 개인 규모의 독립적인 작업이라고 할지라도 자신이 다 책임지고 완성해 보겠다는 자세라면 모를까, 누군가에게 맡길 때는 마케팅과 표지에 들일 비용과 애정, 궁리를 조금 나누어서 적어도 한 사람이 두 번 정도는 집중해 글을 다듬을 만한, 비용이 마련해 주는 합리적인 안정감이 글 작업에 존재해야 한다고 믿지만, 매번 그렇게 산정된 금액을 바라서는 작업을 맡기가 쉽지 않다. (관련해서는 글 「2」, 「3」을 다시 참고하자.) 가격 경쟁력을 높이고자 작업비용을 낮춰 일감을 얻는 과정에서 작업자 스스로 작업 기준을 낮추는 경우도 많이 발생한다. 실제 예를 들면, 내가 다른 전문가가 교정했다는 원고를 디자인하기 위해 받았더니, 따로 돈을 지불했다는 게 믿기 힘들 정도의 결과물일 때다. 내게 교정까지 같이 문의했다 다른 사람이 교정을 해주었다며 원고를 재전달한 케이스였는데, 누군가가 많이 저렴한 가격을 말할 때는 다 이유가 있는 것이 아닐까. 결국 내가 보이는 부분 위주로만 오탈자를 고치며 작업했다.

 첫 감정의 시발이 착각이든 진짜든, 잘하기에 사랑하게 됐고, 이내 사랑하기에 잘하고 싶고, 잘하고 싶어 노력한 만큼 실수를 발견해 자신감이 다칠 때 가장 숨고 싶었다. 예전에 근무한 출판사에서는 메일을 보낼 때 '수정 부분'을 '수정 부위'라고 표현해 혼난 일이 있다. '부위'란 신체의 일부를 가리키는 표현이니 잘못 쓴 것이다. 나는 그때의 기억을 곱씹었다.

* 내가 곱씹은 내용 *

첫째. 한 번 실수한 사항은 실수하지 말 것.
둘째. 각 단어를 본질적인 뜻에 맞게 사용하였는지 살필 것.
만약 본질을 직접적으로 드러내기보다 간접적으로 드러내는 은유가 필요한 상황이라면, 그 은유가 지닌 여백이 충분히 잘 받아들여지도록 섬세히 표현할 것.

실수로 인한 충격들은 다시금 더 나아지고 싶다는 마음, 글에 대한 구애로 이어졌다. 일하며 마주한 실수로부터 배운 이론들은 잦고도 오랜 상흔으로 남아 **본질적인 낮음**의 자세로 나를 다시 위치시켰다. 내가 사랑하는 일에 관해 모름으로써 더 낮은 곳에서 늘 다시 배울 수 있어, 할수록 부끄러울 예정이라도 더 이 일이 경이롭다. 누구나 다 쓰는 말이고, 글인데 무엇이 그렇게 경이로우냐고?

그 경이로움의 예를 하나 들어보겠다.

5년 전이던 어느 날, 나는 좋아하는 서점에 갔다 책 홍보카드에 적힌 '톺아보다'라는 단어를 만났다. 내가 무식해서일지는 몰라도 처음 보는 단어여서 눈길이 갔다. 단어의 독특한 생김새에 표기 실수가 아닐까 의심하다 뜻을 찾아보고는 놀랐다. 일단, 실제로 존재하는 단어였는데 처음 만나봐 놀랐고, 다음으로는 그 뜻과 모양이 눈에 띄게 아름다워서 놀랐다. 이는 다음과 같은 뜻이었는데, 무슨 뜻인지도 바로 이해했다.

- **톺아보다**: 샅샅이 **톺아** 나가면서 살피다

그런데 자세히 보니, '**톺아보다**'를 풀어 설명한 문장에 한 번 더 '톺다'란 단어가 숨어 있음은 기이하다. 뜻 모를 '톺다'에 '보다'가 붙은 단어가 '톺아보다'인데, 다시 그 해설에 '톺다'가 숨은 격이니 말이다.

대체 이 '톺다'라는 녀석은 무슨 의미일까? 찾아봤다.*

- 톺다: (사람이 가래를) 뱉기 위해 속에서부터 끌어올리다

드디어 찾은 '톺다'의 뜻을 앞선 '톺아보다'의 의미에 갈음해 넣으면, '톺아보다'라는 행위는 "샅샅이 **속에서부터 끌어올려** 살펴 나가는" 행위다. 그런데 내가 '톺다' 속의 '톺다'의 뜻을 몰라 다시 찾아야 했던 것처럼, 신기하게도 사회적으로 '톺다'라는 단어 자체를 흔히 안 쓰는데도 굳이 여기에 '보다'를 붙여 '**톺아보다**'라는 단어를 만들었음은, 그만큼 누군가 이 행위에 의미와 힘을 부여한 것이 아닐까.

결국 이를 하나의 단어로 기용한 어떤 사람의 의지를 따라 무언가를 "**톺아보는** 책"이라는 소개 문구로, 그 누구도 대중적으로 사용하지 않던 이토록 아름다운 단어를 적정한 장소에서 다른 사람 역시도 발견하고 집으로 돌아가 의미를 찾아보도록 맞는 쓰임새를 준다는

---

* 사전에 '톺다'를 검색하면 크게 두 가지 의미가 제시된다. <표준국어대사전>에 실린 '톺다'의 풀이는 "틈이 있는 곳마다 모조리 더듬어 뒤지면서 찾다"이다. 이 글에서는 실언어생활과 옛말 표현, 어원까지 폭넓게 제시하며 다루는 <고려대 한국어대사전>의 풀이를 가져와 해석했다. 옛말에서 '톺-'이란 어근은 "거칠게 헤집다, 뒤져서 찾다"뿐 아니라 "세차게 끌어올리다, 거칠게 치솟다"라는 움직임을 뜻하기도 했다. 두 해설은 다른 듯 비슷한 관점의 차이를 그 뜻에 반영하고 있다. 속에서부터 샅샅이 끌어내고 뒤져낸다는 의미다.

116 가장 낮은 곳에서

것. 이것이 어떠한 사물과 일상에 제대로 된 이름을 선물하는 일이 아니라면 무엇이겠는가? 이는 책 홍보 문구를 작성한 서점 주인뿐만 아니라, 글을 다루는 모든 이의 책무였다.

그렇게 '톺아보다'를 만난 뒤, 나는 집으로 돌아와 마침 식탁 위에 놓인 과자 봉지와 그 위에 적힌 과자 이름 '구쁘퐁'을 나도 몰래 문득, 아주 깊이, 물끄러미 바라보게 되었다.
포장지에는 이렇게 쓰여 있었다.

"'구쁘'란, 먹고 싶어 입맛이 당긴다는 뜻을 가진 순우리말입니다."

정말 발견할 것이 천지지만, 이 현실에 대한 아득한 광대함보다도 이 또한 단어 자체로 너무 아름답다는 생각이 들었다. 햇병아리 프리랜서의 삶에는, 세상의 모든 단어를 알지 못하는 교정자의 삶에는, 정확한 뜻을 알지 못하고 그래서 사랑하지 못하는 단어의 수만큼이나 상시적인 경계감과 모호함이 가득하다.
하지만 두렵긴 해도 결코 위화감으로 다가오지는 않는다. 사랑을 하는 누구나 흔히 지닌, 사랑'**함**'이라는 불굴의 의지로 쓸쓸함과 오해도 극복하고 이겨내리라고 여기는 광대무변하고도 용감한 착각. 1

개의 실수가 999개의 바름이라는 노고를 감정적으로 무너뜨리기도 하는 경악스러운 인쇄라는 영역.* 하지만 완벽해지는 일에 실패하더라도, 지적받더라도 계속 간다.

앞서 말했듯 사람은 자신이 잘한다고 믿고 잘하는 일을 자연스레 더 좋아하게 된다. 스스로 '무엇을 좋아할 것'이라고 택해서(의지) 잘하게 되는 것이 아니라, 누군가로부터 부여받은 인정으로 잘한다고 **알게** 된 일을 점차 깊숙이 느껴가며 사랑하고 좋아하게(본능) 된다. 그것이 인간으로서 자신의 변별점이자 본질로 작용한다.

나는 어린 시절의 이 협소한 착각이자 그릇된 믿음으로 이미 이토록 글을 좋아하는 사람으로 자랐다. 놀랍게도 이 믿음은, 종교만큼이나 강력하다. 사람은 어떤 명분으로든 자신을 사랑할 이유, 사랑할 지점을 찾아야 살아갈 동력을 쇄신하듯 얻는다. 그 이유나 명분을 잃게 되면 죽거나, 죽음과도 같은 삶을 산다. **살기 위해서라도**, 자신이 이미 잘한다고 믿게 된 일을 그만 좋아할 수 있는 사람은 없다. 또한 나는 살고자 하는 사람이기도 하다.

---

* 느린 편집 작업의 집중력과 노고가 무색할 정도로 인쇄기는 어마어마한 속도로 동일한 페이지를 찍어 낸다. 잠깐 한눈팔다 돌아보면, 몇천 권에 달하는 본문과 표지는 인쇄가 '완결'되었다며 어느새 눈앞에 쌓여 있다. "벌써 인쇄가 끝난 거예요?" 묻게 된다. 그리고 실수는, 왜 인쇄가 끝난 후에만 보이는지.

사람은, ① 자신이 잘하는 일을 좋아하고 좋아해서 더 잘하게 된다는 것, ② 그 '잘한다'는 첫 명분은 누군가로부터의 언어적 인정에서 온다는 것. 이는 이 세상에서 언어(말, 글)가 더없이 중요한 이유이기도 하고, 모두를 대상으로 더 제련되어야 하는 이유이기도 하고, 이 책을 쓰면서 공감을 얻고 싶은 삶의 본질이기도 하다.

이런 생각을 하던 몇 개월의 나날이 흐르고….

*

우연히 유튜브를 켰다 한 북튜버의 영상 미리 재생에서 "오늘은 책 <○○○>을 톺아보았는데요"라는 시작부 자막을 스치듯 읽게 되었다.

또 만났다. 알고리즘이나 해시태그의 힘인 걸까? 저 언젠가 서점에서 스치듯 만난 것처럼, 나와 비슷한 누군가가 아무도 사용하지 않던 이 단어를 번뜩이는 눈과 심장으로 발견했고, 명명했고, 전시하기 시작하자 유행처럼 지금 세상의 각 언저리들까지 전파된 것일 테다. 이름이 선물되는 순간.

더 많은 공부가 필요하겠지만, 이것이 앞으로 내가 할 수 있으리라고 기대하는 일이기도 하다. 다만 태어난다고 생명력을 얻는 것이 아니다. **가장 낮은 곳에서 태어난 우리에게 언어는 가장 높은 지위의 생명력을 준다.** 이는 바로, 고유한 '이름'으로 불리는 일이다.

당신도, 나도, 언어도, 이 땅의 모든 것들은 '이름을 부여받고 이름으로 쓰임'으로써 생명력을 얻는다. 이소라의 노래 「Track 9」의 아름다운 가사에서처럼 "나는 알지도 못한 채 태어나 날 만났고, 내가 짓지도 않은 이 이름으로 불렸"다. 그러나 바로 그곳이 생명을 얻은 시발점이기도 하다. 앞서 세상의 모든 것은 언어가 수립한다고 말한 것은 바로 이런 의미였다.

Part 2. 이 땅에 좋은 글이 필요한 이유

8. 평소에 웃긴 사람과
성공하는 개그 코너를 만드는 사람

가끔 프리토킹으로 진행되는 예능 프로그램을 보면 이런 얘기가 나올 때가 있다. 한 개그맨 A의 개그감에 관한 평판으로, "A는 사석에선 정말 웃기거든요? 말 한마디 한마디에 주위 사람이 다 배꼽을 잡을 정도로 웃기는데, 정작 방송에선 너무 못 터트려요~ 그래서 안타까워요~"라는 평이다. 여기에 그와 사석에서 만났다는 동료들이 모두 맞다며 말을 보탠다. 어서 그가 그 사석에서의 개그감을 살려 대중의 사랑을 받는 예능인으로 성장하면 좋겠다는 간절한 바람과 응원이 이어진다.

하지만 왜인지, 그는 몇 년이 흘러도 기대만큼 일어서지 못한다. 물론 뒤늦게 빵 뜨거나 사석에서 빛을 발한다는 예능감이 종종 초대받은 프로그램의 한 회차에서 적기에 튀어나와 잠깐 감초 역도 하지만, 자신조차 카메라가 꺼진 후에 본연의 자리로 찾아드는 느낌이 드는 것이다. 개념화를 위해 극단적으로 구분해 본 예다.

 이제 나는 원고를 쓴 사람인 작가 혹은 초안자(ⓐ)와 그 글을 여지없이 그럴듯한 글로 다듬고 책에 이르게 만드는 사람들(ⓑ)을 이 예시에 대입해 평소에 웃긴 사람(ⓐ)과 성공하는 개그 코너를 만드는 사람(ⓑ)으로 구분 지어보려 한다. 그러려면 앞선 사례자인 평소에만 웃긴 사람 A와 상반되는 B, C의 경우도 함께 살펴봐야 한다. (예시는 얼마든지 늘어날 수 있다.)

 B는 사석에선 별로 재미있지 않고 심지어 썰렁한 타입인데, 방송만 시작되면 대중을 빵빵 터뜨리는 코너를 만들거나 입담을 선보이는 희극인이다. 또, 본연의 성격은 무척 차분하고 사색적인데 대중 앞에만 서면 예능인으로서 기량을 마음껏 발휘하는 MC인 C도 있다.
 이렇게 예시한 A, B, C, 모두가 (물론 자신이 원하는 삶의 최선과 차선이 무엇인지에 따라 다르겠지만) 만약 대중에게 사랑받는 희극인으로 인정받아 마음껏 웃기며, 그 일로 행복감을 느끼고, 먹고사는 문제까지 해결하길 희망한다면, 평소에만 웃기고 방송에서는 전혀 실력 발휘를 하지 못하는 A의 역량만으로는 힘들 것이다. 하지만, 평소엔 재미있지 않고 심지어 함께 있으면 지루한 편이더라도, 성공하는 개그 코너를 만들거나 대중 앞에서 기량을 마음껏 발휘하는 B와 C의 경우라면 희극인으로 살아남아 그의 인생에서 대중이 바라는 희극적인 역할을 영위하며 살아갈 가능성이 크다.

물론, 다수의 희극인은 평소에도 웃기면서 성공하는 개그 코너까지 잘 만드는 경우에 속할 테고, 그것이 금상첨화일 테다. 그러나 앞서 '극단적 구분'이라고 표현했듯, 세상에는 여러 요건 중 한 가지 역할 수행능력을 극단적으로 갖추지 못한 사람이 적지 않다. 그럴 땐 어떡해야 할지 한 번쯤 고민하게 된다.

역시 아무리 궁리해 봐도 극단적인 두 유형 중 '희극인으로 인정받고, 돈을 벌어 사는 것'이 목표라는 가정하에 한쪽을 택하라면, 평소엔 재미있지 않지만 빵 터지는 개그 코너를 만들거나 재치 있게 사회를 보는 쪽이 가능성 면에서는 사정이 더 나을 것이다.

출판과 관계된 작업을 일에 포함시켜 나는 이렇게 생각한다.
만일 어떤 사람이 그게 **어떤 일이든, 어느 규모든** 대중 앞에 선보이는 종류의 일을 기획하고 수행하길 희망한다면, 그 일은 대중적인 **마감 처리**를 거쳐야 한다고. 책 출간에서는 그 역할을 하는 일자리가 교정과 교열자, 윤문자, 편집자, 북디자이너의 자리일 것이다. 마케팅은 이 기본을 통해 구성된 본질 위에서 이루어진다. 이를 감안한 선에선 원작자의 초안은 어느 정도 거칠어도 괜찮다.

책은 허무한* 인간의 살아 있음의 외침이자 증명이고, 글쓰기는 사람이 살며 한 번쯤은 탐내볼 법한 본원적인 자기표현 욕망이기에, 나는 이 일이 윤리적인 측면에만 크게 빚지지 않는다면 언제 어디서나 활발하게 진행되길 희망한다. 모든 사람에게는 **유일한** 삶이 있고, 그 안에서 얻은 **고유한** 경험이 있으며, 직접적으로 경험했거나 아니거나 픽션이거나 논픽션이거나 관계없이 **집대성해** 이야기하고 싶은 자기만의 분야가 존재할 수 있다.

하지만 그 절차가 의미 있게 마무리되고 타인을 통해 잘 변주**되기

---

* 어떤 이야기든, 어떤 강연이든, 책을 통해야 마무리된다고 느끼며 반드시 책으로 응집해 마무리하는 건, 그렇게 기록해 남기지 않으면 의미나 역사가 '휘발된다'고 느끼기 때문이다. 그 의미를 어떻게든 붙잡아 두어야 하기 때문에. 이는 기본적으로 살아감의 증발, 허무함과 관계가 있다.

** 독자가 책을 읽고, 이해하고, 관련해 쓰고, 수행하는, 책이 파생시키는 모든 범위의 활동을 일컫는다.

위해서는 책을 만드는 일이 욕망의 전초전은 되어도 전야제가 되는 것은 바람직하지 않다고 생각한다. 인간의 어떤 행동에든 사소하거나 큰 욕망이 전제되지만, 욕망만으로 점철된 동기는 책이 이루고자 하는 사활과는, 이 땅에 태어난 이유와는 어울리지 않는다. 책의 콘셉트를 정해 분량을 차곡차곡 만드는 일(원고 작성, 집필)과 대중에게 자연스럽게 읽히고, 문법적인 측면에서 옳고, 사실에 부합하며, 책의 메시지에 어울리는 논조의 문장으로 구성하는 일(교정·교열, 윤문)과 책의 물성을 만드는 일(북디자인, 제작), 마지막으로 대중에게 홍보하는 일(마케팅 및 판매)은 모두 포개진 채 분리되어 있다.

그러나 여기서 중요한 건, 계속 강조했듯 표지나 마케팅 전략부터 설계하는 일이 아니라, 이왕 만드는 거 소장용이 아닌 판매용으로 내놓겠다는 결단이 아니라, <u>최소한의 **책다움**을 갖춰줄 글부터 완성한 다음, 그 **바탕** 위에서 다음을 도모하는 방식</u>을 취하는 것이다.

그러기 위해서는 책을 출판하려는 사람이 자신이 쓴 문장의 면면이 단순히 문장만 따로 떼어서 보았을 때도 진정 타인에게 읽으라고 권할 만한지, 메시지는 목차라는 흐름을 타고 논리적으로 잘 구성돼 전달되는지, 그 메시지를 전달하기에 글이 전체적으로 어울리는 문체와 논조를 입었는지를 삼중으로 숙고해야 한다. 이 숙고가 어렵다면, 그저 어서 한 권 팔고 싶고 이름을 알리고 싶다거나, 좋은 내용이 담겼다는 욕심하에 시장에 내고 볼 것이 아니라, 팔 거지만 큰 판매 기대는 없다고 말할 것이 아니라, 가능한 방편의 조력자를 찾아 상의와 검증을 거쳐야 한다. 자신을 먼저 검증대에 세우지 않는 글은 오직 스스로만을 위한 글이다. 그 책이 만 원에서 이만 원 남짓에 몇 권 팔린 듯 독자에게도 글을 쓴 자신에게도, 결과적으로 행복한 일은 안 될 것이다. 역으로 미흡한 책이 독자에게 영원히 남길 심상을 생각한다면, 스스로 간직하거나 주변 사람과의 공유에 그치는 편이 길이길이 더 아름다울 수 있다. 실제로도 한 분이 60년을 살아낸 자신에게 주는 선물이라며 그간 모은 글을 소장용 책으로 제작하길 원해서 글을 다듬고 디자인해 드린 경험이 있는데, 기억에 많이 남을 정도로 따뜻했고 소중했던 시간이었다. 읽었던 글 한 편도 기억한다.

책이라면, 글을 먼저 윤리적으로 다뤄낸 다음 표지도, 마케팅도, 생각해야 한다. 글은 못 써도, 더 정확하게는 조력자와 **함께 써도** 좋다. 어떤 방법을 찾든, 이 세상에 기록을 남기려면 글과 문장의 질을 최우선으로 생각해야 한다. 노력했지만 부족한 것과 필요 영역과 노력할 방법조차 궁리하지 않음은 다르다. 작가의 훌륭한 글쓰기 실력이 글 퀄리티의 절대적인 지위를 차지하는 경우나 장르도 많지만, 대개의 경우 글쓰기 실력보다도 이 태도가 곧 작가 자체이며, 장기적 견지에서 결국 작가라는 **공고한 위치**를 낳는다.

*

내가 한 원고로 글과 디자인 작업을 함께 할 때, 글 작업엔 상대에게는 최대일 테지만 내 기준엔 최소에 가까운 비용에 글을 맞춰 넣느라 1교만 빠르게 보는 채로 헉헉대는데, 글은 어떻게 다뤄지든 큰 관심이 없지만 디자인에 대해서는 온갖 자료를 시도 때도 없이 보내며 갖은 요구를 주문제작식으로 전달하는 사람이 있다면, 나는 그를 존중은 하지만 개인적으로는 존경하지는 않을 것이다.

글쓴이가 글의 개선을 중요하게 신경 쓰지 않는다면, 나 역시 그 관점에서 작업을 진행할 수밖에 없다. 혼자서 더 좋아지도록 마냥 붙들고 있을 수만은 없다. 그런 책은 각 문장이 깔끔하지 않을뿐더러 전체적인 메시지에도 동조하기 어려울 때가 있다. 성급히 쓰인 만큼 빈자리가 많이 발생하는지도 모른다. 같은 종류의 무성의하고 거친 문장이 같은 방식으로 이어져서, 전체 흐름 안에서 서로의 관계 또한 성기게 느껴진다.

그러나 문장의 다듬기가 어설플 뿐 좋은 마음의 토양을 보유한 글, 살뜰한 논지와 세상에 필요한 관점을 담은 글일 경우에는 작업 비용이 넉넉지 않아도 조금은 희망적으로 일에 임하게 된다. 그 글이 누군가의 삶에 보탬이 되리라는 믿음이 생기고, 나와 소통하는 글쓴이가 사람을 배려하는 태도를 이미 몸에 입어서다. 이는 작업 과정의 모든 면면에서 내게 전해진다.

누군가는 꼼꼼히만 본다면 1교만으로도 괜찮지 않냐고 물을지도 모르겠다. 그러나 그 한 번의 **꼼꼼함**조차 실은 여러 번의 확인을 **내재**하므로, 꼼꼼한 1교조차 허락되지 않을 때도 있다. 또, 1차 교정만으로는 반드시 발생할 작업의 미진함을 무시하기가 어려운 이유가 있다. 크게 아래의 세 가지 이유다.

* 하다 만 교정이 찝찝한 이유 *

① 잘 쓰지 못한 글에는 기본적으로 글쓴이 특유의 문장 조가 강하게 존재해서 작업자가 1차 교정만으로 그 조를 완벽히 리드미컬하게 바꿔내기가 힘들다.

② 글을 바꿔나가는 일에는 각 문장에만 독립적으로 집중하게 만드는 단속적인 속성이 있어서 그 문장들의 합인 전체 원고를 확인하며 다시 유기적인 자연스러운 하나의 흐름으로 매만지는 2~3교 작업은 원고의 완숙도 측면에서 반드시 필요하다.

③ 중언부언… 했던 말이 반복되고, 앞뒤도 맞지 않고, 한마디로 총체적 난국인 원고의 경우, 그냥 1교만으로는 안 되기 때문에 안 된다.

만약 어떠한 책이 에세이를 표방했지만 자서전이나 자기 기록처럼 글쓴이 개인에게만 국한되는 내용을 다룬다면, 시장에 내려는 생각보다는 소장하거나 주변에 나눌 용도로 작은 책자를 만들어 보는 것도 좋다. 그것이 다음 책을 제대로 만드는 중한 연습이 될 수도 있다. 또, 그러한 품성이 멀리 내다보았을 때 더 고귀한 품성이고, 세상에 도움이 되는 품성이고, 나아가 책이라는 종(種)이 살아남는 지위를 빚는 데도 보탬이 된다. (이왕 돈 쓰며 만드는 거 겸사겸사 많이 만들어 시장에도 내놓으면 좋지 않겠냐고? 출판은 겸사겸사하는 일이 아니라

분명한 목적을 지니고 하는 일이어야 한다. 앞서 말했듯 난 스스로 간직해서 더 아름다운 자서전을 제작해 본 일이 있다. '이왕'이라는 것은 개인의 욕심이다. 이왕이 아니라, 완숙된 책을 만들어 사람들에게 좋은 내용으로 읽히고, 적확한 대상에게 가닿아 판매도 되는 쓰임이 생기길 정말로 원할 때, 책은 제대로 접근해서 만들어야 한다. 출판이 도박도 아니고, 여기에 일타쌍피란 없다.)

정 개인의 글모음집을 책으로 엮고 싶다면, 감성이나 이성적인 부분에서 대중에게 공감과 도움이 될 만한 콘셉트로 엮고, 솎아 내고, 보강하고, 통합하는 '**재편**'의 과정을 거쳐야 한다. 그냥 하고 싶은 얘기를 마음껏 하고, 출판시장이 어려워 돈은 안 될 줄 알지만 도전해 보겠다거나[*], 나는 아직은 알려지지 않은 미래의 수완 있을 작가니

---

[*] "많이 팔 생각을 하는 건 아닙니다." 어쩌면 이 선언이 많이 팔 수 없는 책을 만들게 하는 건지도 모른다. 겉으로는 쿨한 태도처럼 보이지만, 글쓰기는 자본과 분리된 예술이나 고뇌의 영역이라는 생각의 또 다른 표현일지 모르지만, 판매량에 굴하지 않겠다는 의미도 하겠지만, 어떨 때는 이미 실패를 '**가정**'함으로써 결과적으로 글과 책의 편집을 최상의 상태로 벼리는 데 소극적인 태도를 불러일으킨다.
물론, 많이 팔 거라 이야기하면서 필요한 노력을 생략하는 편은 더 최악이다. 그러므로 이는 단적인 예시다. 나도 나의 첫 에세이집을 정말로 많이 팔 생각 없이 하나의 시도로써 만들었는데, 최선을 다해 퇴고했다. 어떤 사람은 정말로 많이 팔 생각 없이 혼신의 노력을 다하기도 한다. 소장용 책의 오자를 발견하고는 인쇄 전, 놀라서 황급히 연락을 해온다. 연락을 받은 나도 놀랐는데, 다행히 쓰신 분의 착각이었다.

자비를 들여 책부터 만들겠다는 결정은 출판시장을 혼잡하게 만들고, 읽어서 독자가 직접 작가를 검증했거나, 이미 다수로부터 검증된 작가 혹은 책이거나, 다수의 유명인으로부터 적극 홍보된 책이 아닌 이상, 책을 구매하려는 대중의 소비심리를 갈수록 위축시킬 것이라고 생각한다. 시장이 먼저 '검증'의 역할을 포기해서다.

즉, 여러 분야의 좋은 책이 다양한 측면에서, 잦은 주기로, 대중에게 **선택**받기 위해서는 책을 내기까지 기본적인 허들이 필요하고, 이는 누가 나의 글을 허가해 주기를 간절히 바라면서 신청서를 작성하고 기다리라는 의미가 아니라, 누가 허하지 않으면 시도할 수 없다는 의미가 아니라, 작가 스스로 출판이라는 도전에 허들을 만들어 검토하는 일이다. 나는 이 사고(思考)가 수많은 1인 출판이나 독립출판, 소장 서적들이 시도하는 책의 제작 취지와도 부합하는 지점이 많다고 생각한다.

*

이제 앞서 들었던 희극인들의 예시를 원고의 특성으로 한번 치환해 살펴보자.

평소에 웃긴 사람(ⓐ)인 A는 '타인이 세상에 언급한 적 없는 반짝이는 아이디어로 이루어진 초안'이다. 그 사람만이 생각하고 써 내려갈 수 있는 글의 주제가 있거나, 지적 레퍼런스 활용력이 풍부해 주제만 정하면 여러 관련 이야기를 들려주는 경우가 이에 해당한다.

만약 B처럼 출중한 유머 실력으로 대중이 공감 가능한 언어를 구사하며 글을 쓰고, C처럼 사회자로서 전체적인 진행 맥락을 이해해 언어와 융합해 구조화하는 인도 역량까지 갖추었다면 그냥 당장 책을 쓰면 된다.

그러나 여기서 끝이 아니다.

예를 들어 A처럼 아이디어 자체는 독특하고 지식도 풍부한데 문장이 심각하게 뒷받침해 주지 않아 글이 전달매개로서 역할을 못 할 수도 있지만, B와 C의 경우라도 다 좋다가 옥에 티처럼 구성의 오류, 전체적인 맥락의 오류가 있는데, 스스로 느끼지 못할 수 있다.* 이때, 교정·교열자와 윤문자, 편집자는 메시지의 전달 도구인 문자와 언어, 정보와 구조를 더 정확히 다듬기 위해 투입된다. 그렇게 일차적이자 최소한인 책의 내실이 확립될 것이라는 판단 아래 성공할 개성 어린

---

* 왜 화려한 장점이 많은 글보다도 큰 단점이 없는 글을 쓰라는 말도 있지 않은가.

예능 프로그램을 만들기 위한 브랜딩은 편집자와 마케팅 담당자, 디자이너의 몫으로, 책의 구심점이나 대표 포인트를 잡고 부각하기 위해 투입된다. 이처럼 원고도, 마케팅도, 같은 재료를 어떻게 구성하느냐에 따라 완전히 새로운 관점을 입고 다시 태어날 수 있다.

이렇게 책은 순차적으로 **완성**을 향해 나아간다. 성공하는 개그 코너를 만드는 사람(ⓑ)인 개인 B와 C를 넘어 필요한 조력자, 그러니까 이렇게 무수한 ⓑ들과 함께 말이다.

즉, 성공하는 예능 프로그램이나 코너를 만들기 위해서는 한 사람 그 이상의 재능이 필요하다. 함께할 다른 출연자와 스태프는 반드시 갖춰져야 할 상수이자 기본 조건이다. 이렇게 보면 A 역시도 너무 빨리 좌절할 필요는 없는 셈이다.

만약 혼자만의 의미를 기념하기 위해 만드는 책이라면, 형태가 어떻든 문장과 내용, 구성이 어떻든 마음 가는 대로 만들어도 된다. 혼자서만 시청할 개그 코너를 기획 중이라면, 대중이 듣기 싫어하는 소리를 크게 지르고, 옷을 벗고 뛰어다니고, 혼자만 재밌다며 무대에서 배를 잡고 뒹굴어도 아무 상관이 없다. 평소에만 웃긴 사람이 평소에만 웃긴 것에 만족하고 살겠다면 갈등이 없다. 하지만 그 이상을 원한다면 방법을 찾아야 한다. 시장에 내걸고 대중에게 셀링할 생각이라면 그럴듯한 '겉싸개를 만드는 일'에 집중할 것이 아니라 **이왕** 만드는 거 **진짜** 그럴듯한 책으로 만들어야 한다.

순전히 집중해 읽어갈 만한 문장과 편안한 짜임새는 무람없이 말하건대, 책이 단 한 사람 앞에 서는 데도 지켜야 할 기본이며 일차적인 윤리다.

9. 미시적인 차이에서
우리의 재능을 발굴하자

이제 세상은 미시적인 영역에서 더 오밀조밀한 차이를 만드는 세분화를 진행해 갈 것이다. 인간이 너무도 당연하고 어렵지 않게 차지해 오던 일자리의 대부분을 인공지능(AI)이 대체해 갈 것이기 때문이다.* 우리는 AI가 지분을 늘려갈 미래사회에서 균형을 맞추기 위한 명목상의 직업이 될지라도 남은 자리를 더 세분화해야 한다. 기존에 마땅히 존재하던 인간의 설 자리가 줄어들 예정인 만큼, 우리 스스로 인간의 수요를 찾아내야 마땅하다. 그 수요는 더 이상 넓게 파는

---

* 일찍이 2017년 일론 머스크는, "AI가 상용화된 미래사회에서는 전체 인간의 20%만이 의미 있는 직업을 갖게 될 것"이라고 말했다. AI에 의해 사라지는 일자리는 시간이 흐를수록 점차 늘어날 것이다.

방식이 아닌, 좁은 곳으로 아주 깊고, 더욱더 기다랗게 파나가는 방식으로만 새롭게 창출될 것이다. 그게 아니라면 완벽히 달라진 사회에서 파생될 '**완벽히**' 새로운 일자리에 우리를 끼워 맞추는 일이 돼야 할 것이다. 어떻게든 두 방편 안에서 설 자리를 찾아야 한다. 그러나, 대부분의 사람에게는 인공지능으로 파생될 새 일자리의 질서에 적응하는 일이 아주 쉽지만은 않을 것이다.*

몇 년 전, 경제·자기계발서 리라이팅에 필요한 사료 조사 차 관련 서적을 몰아 읽으면서 불완전한 삶과 그 불완전한 삶을 완전하게 만들기 위해 행해지는 인간 노력 사이의 길항작용에 관해 특히 생각이 많아졌다. 나는 이 장력에 의해 앞으로 펼쳐질 미래사회의 큰 그림으로, 기존에는 특정 기술이나 전문 분야로만 치부됐던 직업들이 미시적으로 세분화되며, 그렇게 만들어진 새로운 업(業)들이 어쩌면 이 척박한 세상을 예상과는 반대로 더 따뜻하고, 원론적인 공간으로

---

* 지난 산업혁명들과 앞으로 올 4차 산업혁명의 가장 큰 차이는 '직무 수행의 주체'다. 1~3차 혁명 때는 인간의 한 직업이 다른 직업으로 대거 변환되며 **일자리가 달라졌지만**, 4차 산업혁명에서는 사람이었던 직무 주체의 자리를 AI나 로봇이 대거 차지한다. 이에 AI라는 새로운 분야의 발달로 관련 일자리가 범람하고 수요도 많아진다고는 하지만, 해당 분야의 역량 자체가 소수에게만 특화된 능력이라는 분명한 현실도 생각해야 한다. 실제로 현재 많은 기업은 IT 인재 채용에 어려움을 겪는다고 이야기한다.

만들어 주지는 않을까 하는 기대를 역으로 품게 됐다. 이는 내가 비관적인 전망들 가운데서도 반대되는 희망의 프레임을 선점해야 이론이라는 물질(실체)이 생기고, 그 방향에 동조하거나 반대하는 사람들(흐름)이 생기면서, 점차 논의의 방향성에 힘이 실린다(주도 논의, 어젠다)고 믿어서기도 하다. 이럴 때일수록 압도적으로 선제적인 아이디어가 중요한 건, 첫 노크가 주는 힘 때문이다. 상황이 비극적일수록 함께, 애써 훨씬 희망적인 프레임을 설정해야 하는 이유는 마이크(말이자 발언, 발제와 토론, 나아가 대화와 담소)가 그 자체로 사회 내에서 권력의 지위를 내포하여 얻게 함에 있다.

일단 사람들은, **존재하지 않는 것**에는 관심을 두지 않는다. 존재하려면 말로써 정의되어, **형태**가 그려져야 한다. 우리 마음속에 각자도생으로 존재하는 각종 관념과 관념어도 모두 이 부분에서 자유롭지 못하다. 내뱉어지지 않은 언어 이전의 감정뭉치일지라도, 겉으로 표현하려는 의지가 전혀 없더라도, 갖은 설명을 붙여서라도 언어화되어야만 존재되며 의미가 있다. 무의식에도 일종의 체계가 있다면, 모든 것은 종국엔 언어 체계 내에서만 태어나 존재할 수 있는 것이다. 심지어 언어 이전의 심상이어도, 언어로 빚어지려는 태동을 지닌다. 아이나 새끼처럼 누군가가 존재를 탄생시켜야 그 이후 생명이 부여되고 피어나는 것과도 비슷하다. 그러므로 아무리 작은 일일지라도, 무언가를 '제창'하거나 '창안'하는 일의 의미는 '탄생시킨다'는 의미이며, 우리의 상상 이상으로 실질적이고 사회적인 행위다.*

*

한국직업능력개발원의 <4차 산업혁명에 따른 취약 계층 및 전공별 영향> 보고서는 2017년 10년 후를 내다보며 2027년이면 국내 일자리의 52%가 AI로 대체될 가능성이 높다고 보고했었다. 그중 운수업, 판매업, 금융·보험업 등의 대체 가능성은 80% 정도로 높았다. 당시에는 지나치게 비관적인 전망처럼 보였지만, 지금은 조금 늦든 더 늦든 결국엔 도래할 미래라는 게 거의 확실시돼 보인다. 기계개발자들이 로봇을 인간과 비슷한 팔과 다리 등의 일부 조건을 지닌 형상으로 개발하는 데다, 기계의 인공지능 기능이 갈수록 일상에 깊이 스며들어 피부로 못 느끼고 먼 미래라 상상할 뿐, 인공지능은 이미 많은 부분에서 인간의 일자리를 빠른 속도로 대체해 가고 있다. 다른 나라 보고서의 전망도 다르지 않다. 뭐든 한번 방향이 정해지면 가속도

---

* 무엇이라 부를지 이름을 정하는 것, 말로 명명하는 일의 창조적인 의미는 앞선 꼭지 「7. 실패하고, 지적받더라도」에서도 언급한 바가 있다.

가 붙는 건 시간문제인데, 2023년 ChatGPT-4의 등장 이후로 이는 더없는 팩트가 됐다.

　작은 범주에서는 나의 어린 시절과 요즘을 비교해도 기계서비스는 많은 부분에서 상용화됐다. 우선 지금은 어떤 제품을 판매하기 위해 예전만큼 많은 영업자(者, 사람)가 필요하지 않다. 사람이 사람을 찾아다니던 방문판매 개념도 거의 사라졌다.*
　그러나 내가 어릴 때만 해도 보험이니 화장품이니 책이니 하는 영역에서 방판이 차지하는 비중은 꽤 컸다. 언제부턴가 집으로 찾아오는 잡상인이 늘어난 것도 이 '사회적 단절'의 한 원인이 됐겠지만, 어쨌든 지금은 보험만 봐도 상담도, 가입도, 지급 신청도, 전부 집에서, 소파에 기대, 작은 핸드폰 하나로 손쉽게 처리 가능하고, 자고 일어나면 「신청 통장에 보험금 지급 완료」라는 문자까지 속 시원하게 도착해 있다. 이뿐 아니라 대부분의 음식점은 키오스크로 주문을 받고 결제를 처리한다. 많은 일자리가 줄어들면서 한편으로 우리는 우리가 모르는 새 너무 많은 직업에 관여하고, 너무 많은 직업을 소화하고 있다. 우스갯소리지만 디지털 세상에서는 예금주 당사자를 동

---

* 구매자의 경향이 제품 자체보다는 사람의 온기를 필요로 하는 일부 특수 영역의 방문판매 서비스 수요는 별도로 한다.

반해 은행에 가지 않고도 공인인증서 하나만 공유하면 가족 구성원의 숨겨둔 비상금 1원까지도 안방에 앉아 손쉽게 조회해 볼 수 있다. 카드 사용내역도 마찬가지다.

실제로 얼마 전, 나는 아주 자주는 들르지 않던 몇 개의 마트에 연이어 방문했다 기존 인간 계산원의 자리가 전부 키오스크로 대체되고 **기계설명원** 한 명만이 기계 주변을 배회하는 것을 연속으로 보았다. 이 '기계설명원'이란 처음 도입된 결제기계가 낯설 사람들을 위해 근처에 도움이 필요할 때 다가와 사용법을 설명해 줄 역할의 사람이 한 명 서 있었다는 뜻이다. 어떤 매장에 처음 들어갔는데 계산대에 키오스크가 자리한 모습은 낯설지 않지만, 원래 사람이 존재하던 자리에, **그곳에 사람이 있었다**는 사실을 내가 생생히 기억하는 자리에, 사람의 자리가 눈에 익은 곳에, 키오스크가 대신 자리한 모습은 나 같은 인간에겐 언제나 무척 낯선 일이다.

물론 인류 역사에서 위기는 늘 또 다른 기회였었고, 그것이 혁신을 주장하는 사람들의 면죄부이기도 하다. 게다 이미 코로나19가 5G 시대를 이미지적으로 가속화하며, 더 찬찬히 도래하려던 미래사회의 프레임을 상당 부분 압축 및 선제적으로 실현시켜 버리기도 했다. 인류는 무기력했다. 선택할 수도, 손 쓸 수도, 없었다. **"닥쳤다."**

그러나 동시에 인류는 유기력했다. 여러 정부 관계자, 세계적인 경제사회 전략가, 학자들은 "재택근무의 가능성을 발견했다"고 입을 모아 말했다. "해보니 가능했다"고 말했다. 인류는 또 승리했다.

물론 절대로 재택근무가 불가한 직무도 많다. 하지만 가능하지만 가능한 줄 몰랐던 영역이 이토록 산재한 거라면, 현대 기술로 개발하기 어렵지 않을 근무 시스템 구축 하나로 금세 해결 및 변혁 가능한 문제라면, 위기 안에서 또 다른 효율은 이처럼 **언제나** 발견될 것이다. 그런데 과연, 이것이 축복이기만 할까?*

앞으로의 세상이 어떻게 변화할지 정작 세상을 살아가는 수많은, 기술개발의 선두에 선 소수를 제외한 대부분의 '우리'는 여전히 조금도 알지 못한다.

그래서 나는 가끔씩 내가 이 세상에서 사라진 후에 세상이 어떻게 변화하고, 그 끝은 어떤 향방, 이를테면 최후의 장소는 어디일지

---

* 세계경제포럼은 2025년 1월 <2025 미래일자리 보고서>를 통해 2030년까지 AI로 인해 사라지는 일자리와 생겨나는 일자리를 더하면, 결과적으로 7,800만 개에 달하는 일자리가 **순증가**한다고 발표했다. 조사대상인 세계 1,000여 개 기업 중 80%는 기존 인력의 AI를 통한 재교육을 계획 중이라고 답했는데, 그 이유는 향후 5년 내 기존 직무 스킬의 39%가 쓸모없어질 예정이기 때문이다.

무척 궁금하다는 생각을 하는데(가끔은 이 생각 때문에 천상에서도 영혼으로 남아 하부 세계를 관찰할 수 있었으면 좋겠다고 생각하기도 한다. 천국에 가고 싶다는 게 아니다. 그냥 먼지처럼 허공에 나풀나풀 떠 있고 싶다. 어쩌면 그게 천국이려나. 무한한 인식을 갖는 것), '엄마의 배 속 - 부모라는 둥지(이 둥지의 유무와 질에는 개별적인 예외와 차이가 언제든, 어디서든 존재할 것이다) - 학창시절의 다양한 유대관계와 유희활동 - 혹독한 눈물 몇 번은 흘린 뒤 비정한 세상에 마음 다잡는 일이 일상인 사회초년생 - 어른으로서 짊어져야 하는 책임감의 부과 - 기성세대로의 진입 - 모든 것으로부터의 초월(죽음)' 등 인간의 인생사이자 발달과정이 불공평하게도 **'변화 앞의 복무'**라는 단 하나의 표현과 앞서 예시한 과정으로 <u>가장 단순히</u> 정의 가능하다고 할 때, 삶의 큰 양식을 주도할 세계의 패러다임이 한 인간의 생애 주기 내에 한두 번 완전히 뒤바뀌는 일은 자연스러운 일일 테다. 우리는 그 한 번의 변화를 이미 지난 코로나19로 목격하였다.

    물론 스마트폰의 등장 또한 패러다임 대변혁의 한 사례일 테다. 그러나 진입자가 서서히, 그러다 빠르게 늘어나며 삶의 도구로 정착되었다는 느낌 때문일지, 이미 PC가 익숙한 세대에게는 적응하기 어렵지 않았기 때문일지, 사람이 죽어 나가지는 않았기 때문일지, 진보적

뉘앙스의 삶의 질 향상을 담보하는 긍정적인 전환이었기 때문일지, 코로나19처럼 생생한 대전환, 대격변을 살아낸 느낌은 아니었다.

그다음은 뭐니 뭐니 해도 인공지능으로 대변되는 ChatGPT의 등장일 듯하다.

*

이 글의 초안을 쓰던 2020년 읽던 책 한 권은 미국 사회 경제 수준 상위 20%와 하위 80% 사이 경제 격차의 현재와 원인을 분석하고 이를 해결할 방법, 최종적으로는 **해결해야만 하는 이유**를 연구해 집필한 책이었다.*

저자에 따르면, 하위계층 80%의 삶이 상위계층 20%의 눈에 퍽 끔찍하고 별 볼 일 없기 때문에 상위 20%는 점점 더 아래 계층이 뚫기 어려울 자신들만의 경제사회 방어벽을 만드는 일에 열중하고, 결론적으로 이것이 자신들과 (어쩌면 영영) 관계없고 (영원히) 동떨어져 있을 게 확실한 무리(하위 80%)의 삶의 질을 위해 사회제도나 구조가 바뀌는 것을 허용치 않게끔 진화한다고 말한다. 그 결과, 경제 격

---

* 세계불평등연구소가 2021년 발간한 보고서에 따르면, 세계 상위 10%의 계층이 소유한 자산은 세계 전체 자산의 76%였다. 반면 하위 50%의 몫은 2%뿐이었다.

차는 더욱 커지고, 그 하위 80%(곧 90~99%가 될지도 모르는, 이미 세계적으로 해당 구조화가 정착된)의 삶은 더욱 추락해서는 안 되는 **끔찍한** 삶의 장소가 되어버려, 상위계층은 자신의 계층이 하향하지 않도록 더 꽁꽁 벽을 갖추고, 일상에서의 상세한 물밑작업을 다지게 된다.* 그렇게 부(富)는 더더욱 윗머리 꼭대기로 피가 거꾸로 쏠리듯 편중된다. 자신들과 상관없을 계층을 위해 **제도적 소비**를 할 이유가 영원히 사라진다.

언제나 그렇듯 상황이 걷잡을 수 없이 악화되면 그때야 한 인간의, 그가 속한 집단의, 사회와 국가의 무의식에 실은 큰 의식(자아)이 자리 잡고 있었음이 밝혀지는 순간이 온다. 책의 저자는 그 무의식이라는 기제 뒤에 숨어 **의식적**인 계층 절단의 방어벽을 만드는 일을 속속들이 찾아 그 방어벽을 만들었을 때보다 더 촘촘히, 섬세히, 이를 무

---

* 이 이야기를 통해 우리는 세계의 구조에 대한 일종의 깊은 인상을 받아야 한다. 우리가 계층 이동의 양방(위로 올라가는 것뿐만 아니라 아래로 내려가는 것)을 허하는 유리 바닥을 부수지 못하는 이유는 세계의 기후가 악화되는 구조와도 정확히 일치한다. 산업화의 결과 대기가 뜨겁고 건조해지고, 잦은 화재와 극심한 가뭄, 기록적인 홍수가 **일부 지역**에 집약적인 양으로 찾아온다. 이 재난이 다시 대기를 데운다. 다시 더 잦은 자연재해가 일어나고, 이것이 또 대기를 데운다. 원인과 결과가 자리를 바꿔가며 끝을 향해 간다. 욕심을 적절한 시점에 적절한 탈출구로 방출시키지 못하는 것. 세계가 망가지는 지점이 바로 여기에 있다.

화(無化)해야 한다고 말한다.

간단히 정리하면, "어떤 가정에서 태어나든 살 만한 삶이어야 하고, 어느 나라에서 태어나든 살 만한 곳이어야 한다".

이대로만 가면 미래사회 역시 동일한 방식의 불평등의 과중으로 상위계층이 자신들의 세를 공고히 하고, 신체로 비유하면 머리꼭지로만 피가 쏠리듯이 위험하게도 부(富)가 한 방향으로만 쏠리는 한편, 그 안에서 인공지능이라는 재화(개발자)를 활용할 수 있는 자산가와 뛰어난 개발자들만이 다시금 막대한 부를 불릴 가능성과 손잡게 된다. 이때 자산도 개발 능력도 가지지 못한 평범한 사람들은, 지금의 중상층이 되는 꿈은 차치하고라도 단순히 살아남기 위해 자신이 이 세상에서 어떤 표피적인 역할을 맡을 것인지를 심각하게 고민해야 할 수도 있다.

한때 인간의 업 중 **사라질 가능성이 낮은** 업으로 교육, 보건·복지, 전문과학·기술 서비스가 꼽혔던 적도 있지만, 지금 특별히 안전한 업의 영역이란 없다. 이제 머지않은 미래에 자산이 거의 없는 사람이 자수성가하고자 한다면, 그에게는 두 가지 대안이 있다.

하나는 독자적인 재능으로 대체 불가능한 독보적 인간이 되는 일이고, 하나는 인공지능을 활용하거나 보완·개발할 정도로 뛰어난 두뇌를 가지는 일이다. 여기서 다시 처음 제시한 '독보적 인간'이 되는 두 가지 길엔 '창의적 인간이 되는 일'과 '빼어난 예체능·미적 재능을 지니는 일'이 포함된다. 나는 이 중 전자인 대체 불가능한 '창의적 인간'이 되는 길에 글과 독서의 쓰임도 있다고 믿는 사람이다.

*

이제 우리가 인공지능의 등장을 성큼 인식했던 시발로 돌아가 보자. 떠들썩함은 사라졌지만 2016년으로 돌아가 보면, 인간 이세돌과 인공지능 알파고*의 바둑 대국이 연일 화제를 몰았다. 사람이 '패(敗)' 했다는 결과에 충격을 받아 들썩였던 사회는 바둑기사처럼 미래에 대체될 인류의 많은 일자리를 점치기 시작했고, 그 주제가 매일 뉴스 토픽으로 쏟아지며 큰 관심을 받았다. 사람들은 두려워했다. 나도

---

*   구글의 딥마인드가 개발한 인공지능 바둑프로그램의 이름. 통산 전적은 73승 1패로, 2016년 3월 이세돌과의 대국에서는 4승 1패를, 2017년 5월 당시 세계랭킹 1위 프로기사이던 중국 커제와의 대국에서는 전승을 거뒀다. 한국기원은 알파고가 "입신(入神)의 경지에 올랐다"며 '프로명예단증(9단)'을 수여했고, 중국기원도 '프로기사(9단)' 칭호를 부여했다. 2017년을 마지막으로 대회에는 더는 참가하지 않았다. 참고로 '알파고' 이름의 '알파(α)'는, 그리스 문자의 첫 번째 글자로 '최고'를 뜻한다.

관심이 있었고, 창의력을 요하는 제일 직군인 작가 역시도 AI로 대체될 수 있다는 가능성을 다룬 기사도 읽었지만 왠지 자신만만했었다.

내가 자신만만했던 이유는 하나다. 기계 교정자라면 그때도 충분히 상상 가능한 영역이었고, 앞으로는 더 체계적으로 범용화되리라고 본다. 현재 기본 맞춤법 검사 서비스는 쓰임의 빈도 면에서 대중에게 자리를 잡았다고 생각한다.* 다소 확언하는 근거는 기존 클라이언트를 포함해 내게 **"직접 교정을 마쳤다"**며 원고를 전달하는 사람이 **실제** 전보다 늘었기 때문이다. 그러나, 전문가의 세부적인 경험과 시선, 손길이 아닌 기계가 내린 정답에 의존한 교정은 많은 허점을 보인다. 오답의 필터를 AI로 삼기 전에 스스로 세운, 오답의 기준이 없어서다.

글에는 AI가 결코 책임지거나 담당할 수 없는 세부성이 산재한다. 물론 맞춤법에는 상당 부분 명확한 오답과 정답이 존재해, 대량의 데이터를 바탕으로 옳고 그름을 판독하게끔 프로그래밍하기가 쉽

---

* 2024년 12월 19일에는 카카오톡도 맞춤법 체크와 번역 기능을 앱에 추가했다. 평소 맞춤법에 자주 자신이 없던 이라면 이젠 일상 대화를 나눌 때도 기계의 톡톡한 도움을 받을 것이다. 그렇게 맞춤법 체크를 생활화하다 보면 맞춤법 지식이 늘 것이며, 무엇보다 글 교정 작업에는 굳이 사람의 도움까지는 필요 없다는 인식이 널리 퍼질 것이다. 번역은 총 19개 언어를 지원한다.

다. 정보 체크를 바탕으로 진행되는 교열도 부작용이 없지는 않겠지만 언젠가는 인공지능을 보편적으로 활용하는 범주에 들어가지 않을까 생각한다. 하지만 기계 소설가, 기계 시인이라니 가당키나 한가? 좋은 윤문본 또한 잘 쓰인 창작품의 가치를 지닌다고 할 때 '기계 윤문자'는 어떠할까?

  인간이 삶으로 다루고 발달시켜 온 우리의 말을 기계가 더 잘 이해하고 다룰 수 있나? 그럴듯한 답변들을 이어 지어내도록 학습된 거대언어모델(LLM)이 문법 오류를 찾아내고, 틀린 정보를 거르고, 평균의 인간이 쓰는 만큼 정갈한 문장과 문단은 써내도 **'저 홀로, 처음부터 끝까지'** 인간보다 나은 창작을 해낼 수 있나? 단발적인 이야기가 아닌 긴 작품으로 정합적인 세계관을 구현할 수 있나? 산문과 시, 시나리오를 전담해 작성할 수 있는가? 감정과 맥락의 은유를 글에 녹진히 녹여낼 수 있나? 아직까진 짜깁기한 정보를 시치미를 뚝 떼고 열거하는 수준이지, 예술 창작에 이르진 못한다.

  감정이 없는 기계가 파고들어 가기에는 한없이 깊은 내면의 골짜기가 인간 마음 안에는 첩첩산중으로 들어 있다. 이 삶의 미묘한 인장과 증거를 수집하고, 채취해 작품으로 빚어내기란 결코 쉽지 않다. 종이 몇백 쪽을 할애해야 비로소 완성되는 긴 서사는 이미지처럼 여러 장의 질료를 대번에 들이붓고 섞어 모방 가능한 결과물이 아니기 때문이다. 예술작품은 단순한 정보전이 될 수 없다. 정교함이 최우선 과제로 정보만 많이 안다고 이기는 영역이 아니다.

혹 기계가 기계를 묘사하거나 기계가 등장하는 세계를 배경으로 서로 소설이나 수필을 써 평가하거나, 그들끼리만의 등단 대회를 열 수 있을지는 모르겠다. 하지만 기계가 쓴 작품이 인간을 위로하고 우리는 위로받는다는 건, 그게 가정이라 해도 영 이상하다. 아무리 세상이 각박해져도 인간의 위안점은 인간에게 있어야 하지 않을까. 굳이 왜 기계가 쓴 글에 '정보'가 아닌 '위안'과 '감동'을 받아야 할까? 그렇게까지 우리 인간의 대안이 협소하지는 않을 것이다. 기계가 모든 인간보다도 뛰어난 글을 쓰는 것이 아니라, 웬만큼 그럴듯하게 쓰는 인간과 비슷한 정도로 글을 쓴다는 사실을 가정했을 때 말이다. 이미 폭발적인 재능을 지닌 사람들이 선보이는 장기를 향유하기에도 이 삶과 시간이 절대적으로 부족한데.

*

나는 우리가 앞으로 웹서핑을 하다 마주친 기계의 글에 감동이나 위로를 받는다고 하더라도, 따로 저장하거나 외우고 싶을 만큼 멋진 글이었더라도, 작성 주체가 기계란 걸 인지했을 때조차 그 글을 여전히 좋은 **창작품**으로 인정할 만큼 어리석은 길을 가진 않으리라 믿는다. 인간으로서 이 정도 자존심은 필요하다. 우리가 돈이 없지 가오가 없나.

실제 '**그럴듯한 말을 이어가며** 완결된 문장을 만들도록' 개발된 ChatGPT의 문학 생성물은 바라보면 모니터에 글이 절로 쓰이는 광경이 신기하기는 하지만, 결과물을 읽으면 정해진 패턴처럼 교과서적이며 지루하다. 복장으로 비유하면 결국 단정한 접대용 정장 차림의 답변밖에는 내놓지 못한다. 모험을 불허한다.

또한, ChatGPT가 학습했다는 수많은 정보들, 이 세상에 존재하는 모든 정보의 총합이 꼭 진실을 담보하는 것도 아니다. 여기서 반대로 문학이라는 예술은, 눈에는 바로는 보이지 않는 자기만의 진실을 구현하고 획득하기 위한 싸움을 서사의 전제로 삼는다. 진실에 대한 연구를 필수로 한다. 이 지점에서 인공지능의 역할은 보조적인 수단에 머무를 수밖에 없다.

그런데 정작 ChatGPT 열풍 이후, 미국 유명 SF소설 출판사는 투고 접수를 중단해야만 했다. 이전과 비교해서 관리 불가능한 수준으로 많은 원고가 도착했기 때문이다.

창작품에 인공지능을 활용하는 것도 '사람', 서사를 만들고 이해하여 이야기를 끌고 가는 주체도 '사람'이다. 기계가 뚝딱 써낸 글을 아무런 미감 없이 자신이 쓴 글이라며 투고하는 사람은 글을 망치는 사람이다. 문학을 망치는 사람이다. 기계가 쓴 시와 기계가 쓴 소설과 기계가 만든 음악과 기계가 그린 그림이 **행여** 아름답더라도, 그 주체가 기계임을 아는 순간 그 결과물은 예술보다는 묘기에 가깝게 보일 것이다.

물론 간과하지 말아야 할 지점이 있다. 이 글을 쓴 이유이자 본론이기도 한데 이제는 인공지능의 생성물과 인간의 창작물을 육안과 심미안만으로는 구분하기 어려운 시대가 오고 있다는 점이다. AI는 자신의 생성물에 이름이나 코드를 남기지 않으며, 그대로 정보의 바다 가운데로 흘려보낸다. AI조차 자신들이 창작한 생성물을 따로 가려낼 수 없다. 그것은 쉽게 하나의 '정보'가 되어 다시금 AI가 학습할 인간세상의, **인간의 자료**가 된다. 인간과 기계의 글이 무아지경으로 혼합되기 시작한다. 바닷물에 한 방울의 물이 떨어져 섞여 들어간다. 그 물을 기존의 바닷물을 이루던 물과 구분할 수 있는 사람은, 적어도 이 세상엔 존재하지 않는다.

개인적으로 2023년 11월 ChatGPT-4를 처음 접했을 때까지만 하더라도 마냥 우습게 여기며 부인하던 것과 달리 지금 분명히 말할 수 있는 점은, ChatGPT는 우리 삶의 시류를 명백하게 바꿔놓았고, 지금도 부단히 바꿔가고 있다는 점이다. 이제 인공지능을 인지한 시발이 된 2016년 인간과 기계의 바둑 대국은 멀리 나가 부러 되짚어야 떠오르는 필연적이며 상징적인 사건이자 기억이 되었다.

*

이 글의 초안을 쓰던 2020년 내가 읽은 한 기사는 이미 일본에 꽤 괜찮은 수준의 소설을 써 내려가는 인공지능이 **살고 있다***는 내용을 전하고 있었다. '에이-' 하고 부정하면서도 내심 놀랐었던 기억.

2022년 8월에는 미국 콜로라도 주립박람회 미술대회 디지털 아트 부문 수상작 「스페이스 오페라 극장(Théâtre D'opéra Spatial)」이 텍

---

* 기계를 생명처럼 '살고 있다'고 표현한 이유는 단 하나다. 기계는 분명 인간의 자리를 대체하고 있고, 앞으로 더 많이 대체해 갈 것이다. 적어도 살아 있지도 않은 무언가에 인간의 자리를 빼앗기고 경쟁하고 있다고 생각하는 것보다는, 내가 결코 '생명'이라 여기지는 않지만 함께 '살아 있는' 무언가와 경쟁하고 있다고 날을 세워 인식하는 편이 낫다. 그 편이 경각심을 갖는 데도 훨씬 도움이 된다.

스트를 이미지로 변환시키는 AI 프로그램 '미드저니(Midjourney)'로 그려졌음이 알려져 충격을 주었다. 실제 이 그림은 무척 멋진데, 수상자 제이슨 앨런(Jason Allen)은 미드저니로 수백 장의 이미지를 생성한 후 마음에 드는 단 3장을 골라 포토샵으로 보정하고, AI로 해상도를 높여 제출했다. 인간의 상상과 몸으로는 따라갈 수 없는 작업 분량이자 속도다.

이후 지금까지 일어난 인공지능의 기겁할 만큼 빠른 변천사를 보며, 나는 이제 단순한 낙관은 벗어던지고 기계에 사람에게 대하듯 작명으로 이름을 부여하는 것이 아니라 '기계'라고만 칭하고, 인간만이 영위하고 구축해야 하는, 우리가 그렇게 지정한 **'인간들의 리그'**엔 지금부터라도 기계를 최소화하며 배척하는 **우리들만의 고유한 발달사** 설계가 따로 필요한 건 아닐까 가끔 생각하곤 한다.

영화적 상상력을 빌려 오자면, 누군가에게 사과하는 편지를 쓰고 싶은데 글이 영 내 맘처럼 써지지 않을 때, 검색창에 '기계 대필 서비스'를 검색하는 것이 아닌 적어도 인간 대필자를 찾아보는 자정 노력 말이다. 만약 그런 순간마다 상시 인간보다 **저렴하고 빠를** 기계를 찾고, 그 결과물에 "무척 쓸 만한데!"라며 만족하는 순간, 세상은 또 한 번의 큰 변혁을 앞둘 것이다.

언제나 작용에는 그에 걸맞은 세기의 반작용이 따라야 균형이라는 '노력'도 가능해진다. 내가 이렇게까지 강하게 예시하는 이유는 나의 직업을 잃고 싶지 않아서가 아니라, 자본을 활용하는 윤리가 그 나라와 사회의 문화윤리를 결정한다고 믿기 때문이다. 또, 문화윤리는 대중과 시민의 삶의 질을 결정하기에 중요하다.

인간을 비로소 인간답게 만드는 인간의 정서를 우리 스스로 기계 수준으로 낮춰 공감하지 않아야 인간도 살지만, 결과적으로 이렇게 대응하며 가까스로 노력했을 때 지금까지의 산업혁명, 이어진 정보혁명 사회에서도 기대할 수 없었던 진짜 **인간다운 삶**이 펼쳐지지는 않을까, 기대하기 힘들다는 그 비(非)기대가 어쩌면 역으로, 더 명확하고 정의롭게 구현되는 건 아닐까 하는 가능성에 기대고 싶어서이기도 하다. 다른 삶의 모든 영역과 마찬가지로 정서 역시 계속 개발해야 할 영역에 해당한다. 그러면서도 무엇보다 다층적으로 '인간적'이라는 면에서 **특수**하다. 그러니 추후 나와 겨룰지 모르는 **기계 창작자, 기계 윤문자**의 존재에 조금 더 진지하고 깊숙한 가정을 덧붙여 보겠다.

기본적으로, 기계가 쓴 글이 인간이 쓴 글보다 압도적으로 빼어나기란 힘들다. 기계에는 감정이 없어서인데, 더 정확히 말하면 글자로

흉내 낸 감정만 있어서다.*

쉽게 우리가 주변에서 고민 상담이 필요할 때 찾는 사람을 떠올려 보자. 상담을 잘해주는 사람의 특징은 크게 두 가지다. **첫째**, 상대방의 이야기를 꼼꼼하게 듣는다. **둘째**, 공감할 때는 부드럽되 핵심적인 내용을 조언할 때는 단호하다.

고민을 청할 정도로 지금 흔들리는 사람에게 똑같이 흔들리는 조언을 덧붙이는 사람, 문제를 두고 함께 헷갈려 하는 사람은, 좋은 친구일 수는 있어도 좋은 상담자는 될 수 없다. 좋은 상담자는 '꼼꼼히' 들었기 때문에 고민을 털어놓은 사람이 납득하면서도 더는 문제에서 물러나 있을 수만은 없을 정도로 도움이 될 만한 객관적인 의견과 판단을 건네준다. 선택은 당사자의 몫이지만 필요한 길로 가게끔 힘 있게 먼저 길을 제시한다. 그 조언의 단호함 속에는 진중함, 사려 깊음, 관찰, 공감이 배어 있어 강요와는 다르다. 서로 친밀하다면 상대의 삶과 성격, 경험들까지도 종합적인 자료로 축적되어 상담의 기반이 된다.

---

* 호수 위에 떠 있는 밝고 예쁜 달을 두 손 가득 모아 건져 올렸는데 물기만 남은 손과도 비슷하다. 호수 위에는 여전히 달이 한가득인데. 그리고, 인간의 감정은 바로 그 호수 위에 맺혀 있다. 동시에 실체 없는 물속에.

물론 전문상담의 영역에서는 전문상담가가 활용하는 각종 검사와 지표가 AI에도 동일한 해석의 맥락, 표준이 될 수 있다. 그러나 기계는 인간이 지닌 오묘한 감정의 복합작용과 상황과 맥락에 대한 이해를 결코 대면한 인간에 맞게끔 구현할 능력이 동류인 인간보다 부족하다. 그런 기계가 쓴 글에 우리의 삶을, 상담과 위안을, 담소와 이야기를 위탁할 이유는 없다. 기계에 감정을 대리*할 필요는 없지 않은가. 인간의 가장 뛰어난 무기이자, 가장 뛰어난 장점이자, 가장 미치고 팔짝 뛸 단점인 이것을 말이다.

즉, 기계들도 학습을 더해가다 보면 감정적으로 더 **그럴듯**하게 변모할 수 있다. 하지만, 인간의 평균적 감정을 본뜰지는 몰라도 감정

---

* 여기서는 감정을 다루는 글에 한해 이야기를 전개하고 있다. 자료를 집약하거나 기존 자료를 일부 바꿔 쓰는 정보전달 목적의 글, 기사는 앞으로 AI를 더 깊숙이 활용하는 방향으로 변모할 것이다.
나는 정보전달 글 작성을 가정하고 ChatGPT에 "고지혈증에 좋은 식단을 아침, 점심, 저녁으로 짜달라"라고 요청했다. 놀랍도록 체계적인 식단이 순식간에 떠올랐다. 얼마 전까지만 해도 식단코치나 운동코치가 짜주어 박수를 받았을 일인데, 세계의 모든 정보를 학습했다는 웬 기계가 초 단위 답변을 토해낸 것이다.
이제 어떤 **전문가**는 인공지능을 활용해 전보다 훨씬 짧은 시간 내 멋진 식단을 짜서 공유할 것이다. 누군가는 자신이 짠 것이라 거짓으로 말할 테지만, 대개는 굳이 'AI'라는 출처를 말끝마다 덧붙이지는 않을 것이다. 약간만 참고하는 경우도 많을 테니까. 그보다도 대부분의 수요자가 이젠 코치를 거치지 않고 AI와 직접 대화해 자신의 실생활에 식단을 바로 적용할 것이다. 그러니까 이제 '누가', 아니 '무엇이', 전문가가 되는가.

의 맥락을 읽고 다루는 데 아주 뛰어난 인간보다 더 뛰어나지기란 어렵다. 살과 온기를 지니고 쌓아온 우리들의 영역이기에 그들은 침투할 수 없는 최후의 공간이 남는다. 그러니 지금의 산업 성장 과정에서 우리 스스로 눈을 낮춰 손쉽게 기계적 대안에 만족한다면, 그 순간 인간은 인간다움이라는 능력과 자리마저 쉬이 상실할 수 있다. 인간답기 위해 **인간다움**을 찾아 들어가 창조해 낸 감정의 세계, 언어의 세계, 감각의 맥락에서조차 스스로 기준을 낮춤으로써 설 자리를 잃는 것이다.

그러나 지금부터 **인간다움**을 확보하고 회복하기 위해 더 노력하고 애쓴다면, 우리는 어느 때보다 더, 지금까지의 어느 시절보다 더, 인간답게 살 수도 있다.*

---

* 그래서 돌이킬 수 없는 줄 알면서도 나는 묻고 싶다. 이미 AI를 적극적으로 사무에 도입하는 미국에서는 일자리가 급격히 줄고 있다. 그래픽 디자이너, 로펌의 어시스트, 콜센터 상담원…, 조만간 사라지리라 예상되는 일자리는 더 많다.
질문. 왜 세상은 굳이 물류센터의 노동자, 카운터 계산원, 운전사, 교정자 등 **가장 낮은 곳에 서** 있는 이들의 자리부터 대체하려 하는가? 어쩔 수 없는 흐름이라면 이토록 큰 흐름을 왜 예비하지 않고 방관하는가? 모두 무언가 목적을 지니고 움직이고 이동되는 데 중간에 서 가교 역할을 하는 사람들, 전달의 향방을 돕는 사람들이다.
사람이 일(job)로써 삶의 목적을 지니고, 이해하고, 가치 있게 자신의 몫을 다 쓰도록 보장하는 것이 사회다. 무엇으로든 **쓰이기 위해서** 태어났기 때문이다. 무엇보다 삶의 쓸모를 발견하는 일은 생의 유지 여부와도 밀접한 관련이 있다. 그런데 작금의 모습만 보면 결과적으로 **가장 낮은 자리**부터 차곡차곡 빼앗기 위해 기계를 개발하고 있지는 않은가. 세상에서 최소한의 가교 역할을 할 기회마저 뺏겨버리게.

의사가 기계 의사에게 수술방을 내준다면, 환자를 위로하고 함께 웃으며 더 많은 시간을 보낼 수도 있다. 변호사가 기계 변호사에게 법정을 내준다면, 도움이 될 만한 관련 판례들을 모아 하나를 두고도 깊게 이야기하면서 의뢰자의 법리적 두려움을 잠재우고 마음의 안정과 평화를 나눌 수도 있다.

감정의 일자리는 얼마든지 더 발전하고 세분화될 수 있다. 그렇게 사람들이 서로에게 더 친밀해지고, 섬세해지고, **작은 것, 작은 일**에 꼼꼼해지면, 서로를 포용하는 유대감은 넓어질 것이고, 사회적으로 태어난 인간이 기본적으로 공유받아야 할 '평균적 삶의 질' 신장을 위해 객관적으로 편중됐음이 검증된 부(富)라면 합리적으로 배분하는 일도 필요하다고 생각하게 될 것이다. 그러면 자연히 심리적, 나아가 실질적, 계층 간 하향↔상향 이동이 **전부** 유연해지므로, 상류층 부모도 자녀의 계층이 다신 상향을 꿈꿀 수 없는 곳으로 **추락***하며 동시에 그간 공들여 닦아놓은 경제적 탑이 무너질까 두려움에 떨지 않아도 되고, 아래에서 위로, 더 중요한 건 위에서 아래로, 양측의 모든 방향성이 열리며 유연해지므로 언젠가 내 아이가 이동해 살지도 모를 **미지의 계층**, 즉 '사람이 살아갈 사회의 평균적인 삶의 질'을 위

---

*   이곳을 꿈꿀 수 없는 곳, 추락된 곳으로 만드는 이는 누구인가.

해 부(富)를 분배하는 일도 결코 무의미하지 않게 여길 수 있을 것이다.* 사회도 고루 평안해질 것이다.

*

모든 것은 순환된다. 우리의 삶도.

그런데 옛날과는 달리 요즘은 모든 것이 너무 **안**에서만 순환된다. 적재되고, 과열된다. 부는 더 몰리며 편중되고, 빈곤도 더 쏠리며 편중된다. 사람이 압사된다. 지금의 추세대로라면 적어도 앞으로 여기에는 자정작용이 없다.

우리가 **감정의 미시성**에 집중할 때, 글이란 이 미시성, 감정이라는 무수한 프리즘을 통과한 빛의 다중 종착역이다. 프리즘을 통과한 셀 수 없는 빛이 목적지를 향해 퍼져 갈 때부터 함께 출발해 무사히

---

* 상류층이 계층 격차를 유지하고자 발휘하는 섬세함, 카르텔 속엔 한 번 아래로 떨어지면 다시 상위로 올라가기 힘들다는 두려움이 차지하는 지분이 가장 크다고 생각한다. 내가 읽었다는 책에서는 이를 상위계층이 아래에서 뚫리거나 위에서 깨질 수 없는 공고한 '유리 바닥'을 만든다고 칭하기도 했다.
가정은 하나의 경제공동체다. 윗대에서 쌓은 부가 자신을 포함한 구성원의 미흡한 관리로 물거품이 되거나 훼손되는 일은 상상하기 두려운 종류의 일일 것이다. 그래서 그런 일이 일어나지 않도록 미리 최대한 부지런히 움직여 여러 방면에서 관리하게 된다고 생각한다.

형태를 갖춰 발화하기까지 한 과정도 놓치지 않고 따라붙는 호흡이자 생의 생동감이다. 그러므로 글쓰기는 전 과정이 미시사(史)다. 좋고 엄정한 글은 자신이 복무하는 분야에 관해 세분해서 이해하는 장인(匠人)의 특성을 지닌다. 특정한 무언가를 조각조각 나누어 들여다보는 일, 잊지 않고 기술하는 일은 이토록 다정한 행위다.

무엇보다 글을 다루기 위해서는 다량의 독서가 선행된다. 독서는 나와는 크게 관계없어 보이는 타인과 세계의 이야기에 중요하게 귀를 기울이는 행위인데, 독서를 많이 하다 보면 나 외의 대상을 이해하고 존중하는 폭이 넓어지며, 어휘력과 논리력도 향상된다. 공감을 잘하고, 표현하기 힘든 감정을 눈에 보이고 귀로 들리게끔 언어로 끌어내고, 갓 지은 이야기와 말로 공감을 자아내는 사람이 된다. 실제로 말을 잘하거나 글을 잘 써서 타인의 마음과 상황을 위로하고, 세상 일반을 잘 묘사하며, 무릎을 탁 치듯 통쾌하게 만드는 사람들은 기본이 논리적이며, 어휘력이 정확하게 풍부하다.

사실상 세계를 이루는 언어와 정보의 작은 부분부터 탄탄하게 정비하는 글(쓰기)과 독서(읽기)는 머리맡에서 만나는 미시성의 프리즘을 거쳐 이루어진 건축물과도 같다.

미시성의 각축장인 문장을 담은 책들이 계속해서 쏟아지는 이유도 개별자로서의 미시성을 지닌 사람이 내가 이 세상에 살아 있고, 살다 간다는 자기증명을 할 최종 종착역이 '글'과 그 글로 이루어진 실체인 '책'이란 진리를 은연중 믿는 데 그 답이 있는 건 아닐까.

물론 이 책에서 나는 그 최종 종착역이 글보다는 출간 자체에 성급하게 집중된 점이 때론 문제가 되고, 그로 인한 부작용은 무엇인지, 어떻게 예방할 것인지를 말하고, 가치를 제고하려 애쓰려 하지만, 인간의 이러한 자기증명 흐름, 수순은 결과적으로 당연하다.

그렇기에 미시적 시각을 강조하며, 그 시각이 이토록 중요한 이유는 무엇일지, 왜 세상과 글의 미시적인 부분을 놓지 않은 채 탐구해야만 할지, 그 이유를 말하기 위해 이 글들을 썼다.

*

안타깝게도 도서관과 서점에 놓인 이 수많은 미시적 유형재는 지금 자신을 펼쳐줄 사람을 한사코 기다리고 있다.

독서란 가장 인간적인 행위이다. 인간을 인간답게 변모시키는 행위, 인간다운 인간을 낳는 행위, 그럼으로써 인류를 가까스로 평화적으로 유지시키는 행위.

그러므로 나와 우리와 세계의 미시적 분투인 글을 담은 그릇인 책을 읽는 행위는 더 보편적으로 확대될 필요가 있다. 이 영역에 진정한 의미의 바람이 불고, 출판에 지금까지와는 다른 보다 신선한 비전이 환기되기까지는 더 많은 문제가 선제적으로 논의될 시간이 필요해 보인다.

그전에, 나는 앞으로 일어날 인류의 미시적 발달사의 최전선이며, 글을 쓰고 글에 대해 이야기하는 지금처럼 최후선일 이곳에서 많은 사람을 기다리고 싶다. 그때가 올 때까지 혼자 글 짓는 자세, 글을 다루는 사람의 윤리에 대해서 치열하게 고민할 것이다.

인간이 된 글의 마음으로 이야길 시작할 수 있을 때까지.

차분히 앉아, 홀로, 치열하게, 생각할 것이다. 아주 치열하게.

10. 좀 더 인간답기 위하여
살아남는 데엔 성공했으니

우리 한국인 대부분에게 가장 가까우며 직접적인 전쟁의 기억은 어디에 닿아 있을까? 세대에 따라 차이는 나겠지만, 아마 마지막 전쟁이었던 한국전쟁(1950)이지 않을까. 세계에 전쟁이란 참상이 아직도 되풀이되고 보도되는 지금에도 전쟁이란 먼 옛이야기 같고, 인류가 문명화*된 지도 참 오랜 시간이 흐른 것 같지만, 동족상잔의 비극이 고작 75년 전 일이다. 잠정 휴전의 역사가 오래됐든 아니든, 그사이 진정한 문명화에 성공했든 아니든, 극빈국의 예를 제하고 우리나라 국민의 삶만 넓게 두고 보자면 현재 기준에선 **살아남는 데**에는

---

* '문명'이라는 건 어쩐지 '전쟁'의 반대말 같다.

일차적으로 성공한 듯싶다.*

이미 세계 경제가 거대한 하나로 연결돼 빈부 격차가 갈수록 커지리라고는 하지만, 지금 한국에 살며 우리는 원하는 양의 깨끗한 물을 마시고, 원하는 적정 온도를 선택해 목욕도 한다. 우리가 추운 겨울 찬물 샤워를 한다면, 이는 피부 관리를 위한 의지의 '선택'이다. 매일 고급 음식을 먹을 순 없어도, 요일별로 다른 라면과 인스턴트를 골라 먹기도 한다. 이것이 윤택하지 않은 조건의 삶이라고 어떻게 말할 수 있겠는가? 이마저도 나서부터 쭉 허락되지 않는 세계에 태어나 사는 이가 우리 삶의 반경 너머에 수두룩하게 존재함을 깊이 상기해 본다면 말이다.**

문제는 여태까진 우리가 살아남는 데 성공했어도(완벽하게 뒤처진

---

* 슬프게도 이 생각은 2024년 12월 3일의 불법 계엄 선포 이후로 달라졌다. 우리는 아직 살아남지 못했다. 우리는 **끊임없이** 살아남아야 한다. 나의 불합리보다 앞선 우리의 불합리를 더욱 갸륵히 여기며. 그때, 민주주의는 비로소, 가까스로, 발동된다. 우리가 눈을 뜨고 감시할 때. 그리고 호소할 때.

** 2024년 유엔난민기구(UNHCR) 중간보고서에 따르면, 미얀마에서는 2021년 2월 군부 쿠데타 이후 사람들이 계속해서 피난 중이며 그 수는 460만 명(추정치)에 달한다. 2022년 2월 시작돼 3년이 넘은 러시아-우크라이나 전쟁에서는 수천만 명의 우크라이나인이 사망했으며, 670만 명에 달하는 우크라이나 난민이 발생했다. 2024년 유엔무역개발회의(UNCTAD) 보고서는 이스라엘-하마스 전쟁의 피해로부터 팔레스타인 가자지구가 **전쟁 이전**의 모습으로 회복하려면 최소 350년이 소요된다고 말한다.

타국 국민과 극빈한 우리 이웃의 삶은 제쳐두고서) 앞으로도 잘, 최소한 지금과 같은 수준으로 계속 살아남을지는 미지수라는 것이다. 극심한 기후위기에 국가가 선제 대응안을 마련하지 않고 시민들이 나서지 않는 것을 봐도, 적지 않은 사람이 우리와 우리의 후손, 그 후손의 후손, 그 후손의 후손의 후손… 등에 달하는 인류 생존의 문제를 상상하기보다 이번 생의 앞가림만 하기에도 숨이 벅찬 듯하다.

하지만 모든 관계의 역학에는 시간과 끝이 있다. 그 끝이 탄생과 죽음처럼 자연스럽게 나고 가는 생장의 소멸 수순이면 가만히 그 끝을 관조해도 좋겠지만, 생(生) 속 수많은 관계가 그러하듯 한쪽의 일방적인 소통에서 비롯되는 중간 단절인 수가 더 많다. 지구 입장에서 보면 인간이 물적 쓸모를 위해 '네가 계속 희생해!'라며 말 못 하는 지구를 점유한 채 욕망을 뚝심 있게 실현하는 모습이다. 일론 머스크 같은 사업가는 인류가 언제까지고 지구에**만** 머무를 수는 없다며 다행성종으로 거듭나야 한다고 이야기하지만, 절대소수인 사업가와 과학자의 비전에만 이 지구를 맡겨둘 수는 없다. 무엇보다 그들이 타 행성을 개척하고 다행성종으로 인간을 **개조**하면, 그때 그 행성에 데려갈 인간 종은 분명 선별적으로 추려질 것이다. 그들이 마음에 드는 인간에게만 살 권리로서의 종을 부여할 테니까.

마틴 스코세이지가 제작하고 리어나도 디캐프리오가 출연한 기상 변화 시나리오 다큐멘터리 <비포 더 플러드(Before the Flood)>에서 한 과학자가 "(이대로 쭉 가면) 우리는 결국 타락한 행성만을 남기고 가게 됩니다"라고 말한 것과도 같은 맥락이다. 그의 말처럼, 인류의 마지막을 불명예로 끝낼 수는 없다.

*

어릴 때 나를 포함해 많은 어린이가 읽었고, 지금도 읽고, 아이 어른 할 것 없이 읽는 이의 심금을 자극하는 책 <아낌없이 주는 나무>는 현 결과만 보면 '흑흑, 나무가 너무 불쌍해!' 정도의 감상적인 결론, 산뜻한 카타르시스만을 남기고 떠난 듯하다. 거기에 '자연은 정말 우리에게 아낌없이 주는군!' 유의 자의식이 신장된 것은 덤이다.

말했듯 **모든 관계에는 끝이 있다**. 아무리 자연이 말이 없어 아낌없이 주는 듯 보일지라도 사랑처럼 이 관계에도 결말에 이를 날이 올 것이다. 몹시 사랑해도 그럴진대, 자연은 우리를 사랑하지 않는다. 자연 역시 이곳에서 그들의 개별적 삶을 살 뿐이다. 인간 개개인이 삶을 갖듯 에너지와 순환 주기를 가진 지구에 사는 생물일 뿐이다. 우리와 마찬가지로, 인간과 마찬가지로, 한 생물의 생명이 이 세상에서 자리를 잡고 살아 나가기 위해서는 주위 환경이 그 생물에게 곧이 자라나 자생할 시간과 여유를 주고, 사랑으로 충분히 배려해야 한다. 우리는 서로 존중하고 배려해야 하는 관계로 이를 '생태계'라 부른다. 광활한 자연이라고 눈먼 듯 우리에게 퍼서 줄 수는 없다. 주고 싶어도 못 한다. 인간 사이의 관계 같아 일방적이면 깨진다. 언젠간 우리에게 야멸차게 등을 돌리거나, 최악은 그저 망가지는 채로 있다 한 번에 스러진 뒤 그간 보내왔던 작은 호소들이 큰 신호였음이 나타날 것이다. 그때쯤 자연은 이미 종적을 감춘 지 오래일 것이다.

그러니 문명이 최소한의 발돋움은 해왔다면, 이제는 인간 스스로 엔트로피의 끝을 향해 달려가 보겠다는 듯이 더 더 성장하기 위한 방법만을 찾을 것*이 아니라, 발달에 진보를 더해 이 한가운데 멈춰서 **더 인간답게 살 방법**을 함께 강하게 강구해야만 한다. 지금부터

---

* 미 대통령에 재선한 트럼프는 친환경 정책에 비우호적인 것으로 유명하다. 일찍이 바이든 정부의 기후정책 철폐를 예고했고, 다시 대통령이 되자마자 파리협정에서 '재'탈퇴했다. 또한 집권 1기 때부터 그린란드에 욕심을 보였는데, 이는 기후위기를 산업 성장 기회로 활용하겠다는 뜻이다. 원래 그린란드는 대부분이 두께 4km에 이르는 빙하로 덮여 있었지만, 최근 80년대에 비해 빙하가 6배나 빨리 녹으면서 어마어마한 양의 희토류, 원유, 천연가스와 같은 광물자원의 개발이 쉬워졌다. 새 항해로로서의 역할도 부각 중이다. 이러한 이유로 유럽연합, 러시아, 중국도 북대서양, 북극해, 북극 지역에 관심을 두며, 지구온난화를 '절체절명의 환경위기'가 아닌 '사업 환경의 변화'로 보고 접근하는 세계의 움직임이 가시화될 것으로 전망된다.

치열히 연구해야 안 늦는다.

결국 인간답게 살 궁리는 '지금의 인간 종이 오래 안전한 환경에서 존속되며 살아갈 방법론'과 맞닿아 있다. 달리 말해 인간이 여기서 오래 생존해 존재할 방법론 그 자체다. 우리 이후의 후대까지.

그 대안의 하나로 이 책에서 글의 존재 기반과 목적을 예찬하려 하지만, 그것은 글이 쓰는 이에게 진실로 그러한 기능으로 이해되어 활용될 때 도달 가능한 지점임을 말해두고 싶다. 단순히 못 쓴 글의 수준을 비평하거나 아름답지 않다는 이야길 하려는 게 아니다. 인간다운 삶을 살아가기 위해서는, 이 조건을 잃지 않고, 우리가 인간이라는 조건을 놓치지 않기 위해서는, "작은 것에 집중해야 하고, 작은 것부터 돌보기 시작해야 한다"라는 뜻을 강조하고 싶었다. 그래야 그 조건이 겨우 지켜진다는 의미로. 그 **작은 것** 중 하나가 우리가 매일 쓰고 듣고 읽는 글일 수 있으며, 그 작은 돌봄에서 세상이 천변만화하는 모습을 보고 싶다.

*

여러 유형의 책 제작에 참여해 오며 느낀바, 출간이라는 동기부여도 의미 있지만 큰 목표에는 열정뿐 아니라 탐욕도 따른다. 그러다 보면 가장 중요하게 챙겨야 할 부분을 놓치고 만다. 바로 책은 글로 이루어진다는 사실. 겉이 아닌 안쪽에 바로는 보이지 않게 담기지만 책의 본질인 글의 완성도에 생각보다 관심이 빈약하단 현실 말이다.

우리가 큰 목표를 달성하기 위해 삶의 태도를 변화시키려 할 때도 상황이 비슷하다. 큰 목표만 좇다 보면 추상적이고 도달하기까지 시간도 오래 걸려 오히려 나날이 목표에서 멀어지기가 더 쉽다. 반면 <u>작은 지점부터 변화를 실천하면 작은 꼼꼼함이 쌓여 성공이 세분화되고, 이 힘이 모여 큰 변화에 이른다.</u> 이 작은 성공들, 작은 시선과 배려들, 일상에서 자연, 동물, 언어, 문자 등의 언뜻 작아 보이는 모든 것을 보듬는 미시적인 마음은 인류를 지금 살게 하고, 이후 살아남게 하는 최전방위적이자 최후방위적 전술이 될 것이다. 반대로 사람과 자연을 수단으로 보기 시작하면 곧, 그 수단이 우리가 될 것이다.

이제 다시 주제인 글로 돌아가, 왜 글이 사람으로 하여금 **인간다움**을 확보하게 만드는 방편이 된다고 생각하는지 그 단계별 변화 과정을 소개해 보고자 한다.

* 글이 확보하도록 돕는 인간다움의 변천 과정 *

① **글은 사람의 마음을 꺼내는 도구다**

"거리는 책이고, 모르는 사람이든 아는 사람이든 내가 만나는 사람들과 나눈 말은 표현이 된다. 이 표현이 사전에 나와 있지는 않지만, 나도 완벽하게 이해할 수 있는 것은 아니다. 그들은 이야기를 하고, 자신을 표현한다. 그러나 그들은 그들 자신에 대해서 말하지 않고, 그들 자신을 표현하지도 않는다."

_ 페르난두 페소아, 〈불안의 책〉中, 까치글방

한 편의 책을 써 내려가는 작업을 통해 인간은 그 어느 때보다도 진솔한 자신이 된다. 나 역시 나의 생각을 타인에게 완전히 명확하게, 변질 없이 설명하거나 묘사할 수 없지만, 아니 번번이 실패하지만, 글에서는 실패라도 그 허용치가 최대가 된다. 글이 표현하고 말하는 것은 인간의 마음이며 고로 그 글을 쓴 인간 그 자체다. 사람이 쓴 글마다 색깔과 고집, 견해와 그 총합인 차이들이 있으며, 그로써 **인간답다**. 글쓴이가 소설이나 극 속 여러 캐릭터로 분할 때조차 그렇다. 즉, 글을 통해 우리는 말과 언어로써 우리 자신을 최대한으로 표현하게 되고, 말했듯 이 표현은 실패하더라도 표현의 최대치다.

창작품(소설, 시, 극) 속 캐릭터, 혹은 저술가로서의 캐릭터(저술가 또한 상황과 주제에 맞는 문체를 택하고, 주장의 일관성과 논리성을 유지하기 위해 모호한 입장은 제하고 분명한 논지로 분하는 경우가 있다) 역시 자신을 약간은 변형하거나 강화한 인간상을 포괄한다.

어떤 얘기를 내리 쓰다 '이건 너무 솔직한가?' 싶어 글의 요소를 살짝 바꾸고 표현의 허용치를 다듬더라도 나를 표현하는 인생의 도구 중 '솔직함의 최대 허용치'라는 글의 전제가 무너지지는 않는다. 글은 예술의 여러 도구 중에서도 가장 직접적인 도구다. 가사가 없는 음악이나 미술은 언어를 글처럼 아주 직접적으로는 사용하지 않으므로 글보다는 해석의 폭이 거리적으로 넓다고 생각한다.

② **글은 미시성의 조립물이다**

- "내 바람과 의지, 그리고 사고 체계가 발현되어 있는 행동(예상하고, 찬성하고 반대하고, 영향을 평가하는)은 오직 내 가족과 연관된 것뿐이었다."
- "어느 한 곳에서 일어난 작은 나비의 날갯짓이 뉴욕에 태풍을 일으키듯, 작은 차이가 모여 큰 변화를 유발한다."

크게 윤문 작업을 의뢰받으면 '고칠 것투성이'인 글과 '약간의 다듬기가 계속해서 필요한' 글이 있다. 대부분 후자 수정에 훨씬 시간이 적게 걸릴 것이라고 생각할 테지만 그렇지만은 않다. 후자는 큰 틀에서 절개하고 직조할 부분이 적은 반면, 더 미시적으로 글에 파고들게 된다. 전자가 피부를 째 큰 암세포를 덩이째 들어내고 꿰매는 일이라면, 후자는 아주 깊숙이 침입해 잘 티 나지 않는 바이러스에 공격당했을 작은 세포 하나하나를 집요하게 찾아내 치료하는 일이다.

이 책이 미시적인 시선과 작업에 대해 이야기하는 만큼 이번에 ②에서 살펴볼 예시 역시 샅샅이 살펴 작은 차이를 만드는 꼼꼼한 다듬기들에 관한 예시다. 인용한 두 문장은 글을 분해해 미시성을 이해할 좋은 예시인데, 첫 번째 인용문은 읽었던 책의 문구를 변형했고, 두 번째 인용문은 작업한 글에서 발췌했다.

먼저 첫 번째 인용문의 밑줄을 보자. 쉼표를 통해 '찬성하고 반대하고'를 하나의 성격으로 묶었음을 알 수 있다. 행동을 쭉 나열하는 부분이기에 무의식대로라면 일률로 쉼표를 다 부여해 '찬성하고, 반대하고'라고 분리하기 쉬웠지만, 단어의 성질과 관계에 따라 쉼표를 세심히 구분에 사용했다. 내가 의뢰받는 대부분의 글들에서는 쉼표를 이처럼 문장이 지향하는 의미에 따라 엄격하게 구분하거나 글쓰기에 적극적으로 활용하지 않는다.

두 번째 인용문에서는 수식관계가 중요하다. 역시 밑줄 친 부분을 보자. '작은 나비의 날갯짓'인가, '나비의 작은 날갯짓'인가. 의뢰한 분은 '나비의 작은 날갯짓'을 말하고 싶었던 것 같다. 작고 사소한 행위의 예상치 못한 큰 영향. 그래서 '나비의 **작은** 날갯짓'으로 '작은'의 위치를 수정했다.

태산처럼 큰 차이냐고 묻는다면 아니다. 처음에 쓰인 것처럼 '(크기가) 작은 나비의 날갯짓'이라면 그 날갯짓은 자연스럽게도 '나비의 작은 날갯짓'이 될 수밖에 없지 않은가. 그런데 나는 순간, 정말 '작은 나비'라는 특정 개체의 형상을 글쓴이가 눈앞에 떠올리고 그 개체의 체구에 의미를 부여해 문장을 썼을지를 생각했다. 게다, 우리에게 나비는 기본적으로 작디작다. 나비전문가나 애호가가 아니며, 동시에 도시에서 만나는 나비의 실제 크기에 한계가 있는 우리는, 평소에 작은 나비와 큰 나비를 구분해 생각하지 않는다. 우리에게 나비는 기본이 작고, 그러므로 날갯짓도 작다. 물론 형용사 '작은'이 '나비의 날갯짓' 전체를 수식한다고 볼 수도 있지만, 보다 명확하게 정리하고 싶었다. 여기서 중요한 건 변화를 일으키는 것이 나비의 체구가 아닌 **나비의 날갯짓**이라는 것이다.

검색 시 <네이버 사전>은 '나비효과'를 '작은 나비의 날갯짓'이라고 소개한다. 여러 출처의 지식을 모은 <네이버 지식백과>에서는 '나비의 작은 날갯짓'이라는 표현도 여러 건 검색된다. '나비효과'의 유래가 된 문장에 '작은'이라는 표현이 없는 만큼 정답은 없다. 같은 듯해도 분명하게 다를 수 있고, 글을 다루는 이의 태도가 어떻게 섬세하느냐에 따라 문장에 얼마든지 새로운 해석을 부여할 수 있다.

글을 쓰는 일은 삶과 사건, 환경의 전개 과정과 결과를 두고 한 문장 내에서조차 그 인과를 세세히 따지고 생각하는 일이다. 그렇게 볼 때, 이런 존재의 조건과 문장의 합리성을 탐구하는 자세와 시선을 가진 사람이 자신 외의 것과 사람, 사회를 홀대하는 일에 현실적으로 적극적일 수 있을까? 나로서는 그 발견 가능성을 희박하게 여기고 싶다. 작은 세계를 탐구하는 일은 '작은 사람과 작은 세상도 존중하는 사람을 배양하는 일'이라고 말이다. 또, 적어도 그러한 성격의 일을 존중하게 만들며, 직접 해나가게 조금씩 돕는 일이라고 말이다. 다음은 그 결과다.

③ 그렇게 만들어진 좋은 글은 사람을 따르게 하고, 세상을 변화시킨다

"어떤 사람은 세상을 지배하지만, 다른 사람은 그 세상이 된

다." _ 페르난두 페소아, 〈불안의 책〉中, 까치글방

내 기준, '좋은 글'에는 몇 개의 선제조건이 있다. 그중에서도 가장 기본적으로 좋은 글은 자신의 존재증명을 넘어 타인과 세상, 명사적 '삶'을 위해 쓰인다. 현실 인식을 부단히도 벼르며.

사리사욕을 채우기 위해 PR용 전시상품처럼 쓰인 글들은 자신의 인간다움은 물론 타인의 인간다움도 증명하지 않는다. 예로, 관심이 적어 많은 이가 읽지 않을 분야를 혼자 탐구해 한 권의 책으로 집약해 내기까지의 기간과 분투를 상상하면, 그 책 안에는 글쓴이의 무한한 사랑이 있다. 우리는 그렇게 탄생한 책을 읽으며 간접적으로 그 사랑을 배우고, 그 사랑의 형태를 느낀다. 이건 엄청난 일이다. 그 사랑은 곧 태도다. 그 태도는 자신이 사랑하는 분야의 탐구라는 본연의 목적에 집중하면서도 그 분야의 면면이 후대 사람에게 전승되어 살아남아야 한다는 냉혹한 현실을 인식한 채 세상에 태어난다. 이밖에 누구나 공감하면서도 이해하기 쉬운 일상 이야기나 치유 에세이 유 중 좋은 수필에는 그 좋은 글의 시선과 내용을 배우고 따르려는 사람들의 선의가 생기기 마련이다. 이렇게 모인 마음들은 우리가 살아가는 사회를 생태적으로 안전하게 지켜내는 최저기준선이 된다.

*

나는 이 일을 하며 쑥스럽지만 자신의 글이 무척 소중하다고 말하는 사람들을 만났다. 3년 동안 쓴 글이라며 외국에서 화상통화를 걸어 미팅을 요청하는 사람, 16페이지의 짧은 장르소설을 1년간 다듬었다고 말하는 사람, 자신의 삶을 축하하는 의미로 책을 만들고 싶다는 사람, 부모님의 삶을 책으로 정리해 드리고 싶다는 사람 등등을 만났다. 일면식 없는 나에게 자신의 글을 공개하는 긴장된 마음을 진심을 더해 보듬고 싶었다. 그 사람들의 살아온 삶에 대한 긍지와 사랑은 신기하게도 그들이 써서 보낸 글에 그대로 담겨 있었다. 이때는 문장의 숙련도 면에서 글을 잘 쓰고 못 쓰고가 크게 중요하지 않았다. 내가 좋은 문장으로 다듬을 수 있기 때문이었다. 또, 그들이 글의 목적을 세상에 내놓기보다는 자신을 위한 진심 어린 선물로 이해하고 있었기 때문이기도 하다.

이와는 달리 **지금 살아 있음**을 증명하는 수단으로 글을 써낸 사람의 원고는 잡다하고 오만한 경우가 많다. 아직 자신의 몸에도 익지 않은 태도나 진심을 설파하는 식이다. 내가 대신 다룰 때도 큰 애착을 갖기 힘들다. 내가 탯줄을 통해 글쓴이의 글과 세상에 대한 애착을 이어받는 존재이기 때문이다. 감정과 영양을 공급받는 존재여서다.

반면 전자의 경우에 담긴 종류의 사랑은 어디에서나 눈에 띈다. 그 사랑은 내게도, 독자에게도, 가서 발탁된다. 그 사랑이 내 마음을 두드리면, 나는 그 어느 때보다도 작업에 열중하며, 내가 글을 쓴 장본인이나 된 듯 한껏 이입하여 글을 다듬어 나간다. 그분들은 작업자인 나를 대하는 존중의 태도도 달랐는데, 왜인지 이 법칙은 어긋난 적이 없다. 그들이 순수하게 삶을 사랑했기 때문일지.

원고를 읽으면 글쓴이의 인격, 성품, 성격이 엿보인다. 관심사, 가치관, 특성이 표시된다. 말했듯 글이 원하든 원치 않든 글쓴이를 가장 솔직하게 표현해 버리는 수단이기 때문이다.

내가 작업할 때 아주 궁극적으로는 바꿀 수 없는 것도 이 한 사람, 한 사람의 특유한 음성이다. 이 목소리이자 문체에는 메시지와 리듬감이 투영되어 있어서 고유한 습성이나 인장처럼 저들이 자율적으로 살아가고자 노력한다. 나도 과하게 개입해 고치려 하기보다는 결을 살려 가려고 한다. (이는 리라이팅처럼 전면 수정, 개편을 의뢰하는 경우가 아니라면 개입의 범위가 작아짐에 따라 원래 글쓴이의 특징이 스타일로 남기도 하고, 또 어느 정도는 글쓴이의 스타일을 남겨두어야 하기에 그렇기도 하다.)

하여 여러 문체를 몸에 입으며, 나는 다음과 같은 생각을 도출하기에 이르렀다.

* 다수의 글을 다루며 내가 도출한 생각 *

- 문체와 그 문체가 빚어내는 메시지는 자주 인격이다.
- 없는 인격의 품위를 만들어 낼 수는 없지만, 인격이 존재하는 못 쓴 글은 내가 생각하는 좋은 글로 바꿀 수 있다.
- 그리고 그 글을 통해 그 인격을 따르는 또 다른 사람들을 만나고 만들 수 있다는 희망이 생긴다.

물론 세상에는 다양한 사람이 존재하고, 그 다양한 사람의 다양한 생각과, 그 생각을 구성하는 하위의 생각, 다시 이를 실행하기 위해 그들이 선택할 무수한 방식이 또 가지를 쳐 존재한다. 사람의 인격을 옳게 판가름할 능력도 내게는 없다. 이 모든 것은 정답이 아닌 나의 작은 경험이자 기준일 뿐이다. 나의 준칙일 뿐이다. 다만 이러한 비좁은 설명의 한계를 분명히 인지하면서도 책의 전체적인 논지를 통해 비유의 구심이 포괄적이나마 적절히 이해되리라고 믿고 싶다.

이렇듯 글이란 한 인간, 개인에게서 탄생해 출판을 돕는 수많은 작업자들의 **미시성의 검토**를 거쳐서 거시적인 사회로 촘촘히 퍼져 나갈 가능성을 덧입는다. 대중이 잘 쓰인 글, 잘 다듬어진 글, 잘된 글을 읽어주면 읽어줄수록 이 가능성의 옷은 더욱 두터워진다. 두꺼우면 중간에 덥거나 무거워 벗고 싶어질 수 있지만, 두터움은 더해질수록 따뜻하고, 안온하다.

이제는 이 과정에서 일어나는 더 현실적인 주제로 걸어 들어가 노동, 작업자, 작업료에 대해서 이야기하는 시간을 가져볼까 한다.

모두 따라오시길.

11. 값싼 노동력의 투쟁 의지와 적절한 수단

앞 꼭지에서 언급한 '글이 확보하도록 돕는 **인간다움**의 변천 과정'이자 요소는 좋은 글(책)을 완성해 가는 데 필요한 3요소이기도 하다. 이 '① 자신을 드러낼 것, ② 미시성을 탐구하고 구축할 것, ③ 개인적인 일을 사회적*인 일로 확대시킬 것'을 확보하기 위해서는 다음

---

* 여기서 '사회적'이라는 단어를 무겁게 받아들일 필요는 없다. 우리의 일상을 이루는, 우리가 겪는 모든 일은 사회적이다. 특히 글과 책은 타인에게 메시지, 이야기, 정보를 전달하는 도구로써, 반드시 그 글을 전달받을 대상을 고려한 채 쓰여야 한다. 이 전제 자체로 '사회적'인 행위다. 상대에게도 의미 있는 이야기로 가닿고 작용해야 한다는 점에서 '유대감, 공감대, 유용성'의 영역으로 읽는 이를 포괄할 힘을 지녀야 한다. 글을 쓴 개인에게만 적용되고 끝나면 안 된다는 점에서 사회적이어야 한다는 뜻으로, 책의 주제 분류가 꼭 '사회'여야 한다는 뜻은 아니다.
글이 태생적으로 '독자(타인)'를 상정하는 한, 개인적인 것에서 공동체적이고 사회적인 이야기와 논의의 범주로 나아가야 하며, 겉으로는 개인적인 주제처럼 보일지라도 읽는 과정에서 상대를 포괄하는 객관적인 성질로 변모해야 한다. 잘 쓰인 글엔 그러한 힘이 있다. 쉽게 말하면 글은, 나의 이야기를 '너의 이야기' 혹은 '우리의 이야기'로 바꾸는 작업이다. 잘 선별된 정보와 이야기, 직관과 비유, 좋은 문장은 거의 필수적이다.

의 조건이 필요하다.

첫째. 쓰는 법을 잘 모르겠거나 쓴 뒤에 좋은 글인지 판단이 모호해 서지 않을 땐, 자신의 글을 정성스레 읽고 논의하고 다뤄줄 <u>작업자와 호흡을 맞춰볼 것</u>. 이때는 전체 글의 구성, 내용의 탄력성, 기강, 쓸모에 대한 의견을 함께 나눌 것.

자신이 쓴 글 그대로 교정만 잘 거쳐 만드는 일 자체에 의미를 두는 것도 좋겠으나, 이 경험을 추천하고 싶다. 글을 다루는 새로운 관점을 체험할 수 있고, 다음 책을 쓸 때 이 경험이 자양분이 될 가능성도 크기 때문이다. 단지 경험해 보려는 일에 비용 부담이 따른다고 느낀다면, 비용을 절감해 진행 가능한 범위의 컨설팅 등 원고와 관련해 어떤 영역을 얼마큼 요청하느냐에 따라 새롭게 호흡을 맞출 방법도 존재할 거라고 생각한다. 또, 대부분의 교정·교열, 윤문자는 수정한 부분을 문서에 표시해 전달한다. 전후 비교를 통해 문장력을 강화하는 방법과 글을 해석하고 배치하는 관점, 그 선택에 따른 차이를 체험할 수 있다.

둘째. 첫째에 그치지 말고, 그 경험과 스스로 공부를 더해 표현과 구조를 수정해 가는 일 안에서 발견되는 글의 미시적인 무한함을 <u>배우고, 느낄 것</u>. 거기서 찾은 귀한 발견 몇 가지는 다음에 써먹도록 꼭 따로 기억해 둘 것.

 가치 있는 일에 도전하고자 책을 만들 계획이라면, 한 번쯤 타인의 삶에 의미 있는 두드림을 던져보고 싶은 바람이라면, 그 일에 가치를 창출해 줄 제반환경의 지속성, 건강한 미래까지도 염두에 두어야 한다. 내가 책에서 말하려는 바는 타고난 문장가, 등단 작가, 지적 권위를 확보한 지식인만이 글을 써야 한다거나 초라한 글 실력으로 출판에 도전하지 말라는 말이 아니다. 아무리 빛나는 내용과 주제, 시선을 담았더라도 제대로 된 문장으로 쓰이지 않고 구성을 직조하는 과정을 거치지 않으면 안 읽으니만 못한 글이 된다는 이야기를 건네는 것이다. 그 '작업', 그 '과정'이 존중받아야 한다는 의미다. 이유는 하나다.

 인류는 자신을 보호하고, 사회를 유지 및 발전시키기 위한 자발적인 책무로 언어와 단어(이는 언어로 부여한 세상 모든 것의 지위 또는 역할이다), 문법을 만들었다. **인간다움**, 즉 인간 스스로의 생명과 권리를 보장하고 보호하기 위함이었다. 그러므로 그렇게 탄생한 언어를 우리가 전승받아 사용하고 표현할 때는, 다음 세대에게 물려줄 때는, 이 최초의 언어가 지어졌을 때만큼의 필요와 노력, 사랑이 언제나 필요하다. 인간이 **보장**과 **보호**를 위해 언어와 표현을 발달시켜 온 만큼, 언어는 한 개인의 존재를 넘어 우리라는 종족이자 무리, 즉 타인의 삶을 위하는 데도 쓰여야 한다. 이는 발전 방향이라기보다도 늘 지켜져야 할 '지향'이라고 보는 것이 옳다. 이제는 내 생활 속의 작은 범위 안에서도 무언가를 선택하는 일들에는 작지만 큰 의미가 있음을 인식해야 하고, 인류가 현명해져야 한다. '정보사회'란 타이틀 역시도 이런 방향을 열고 일조할 때야 의미가 있다.

정리하면 글은, 인간사회를 보다 정답게 만들고, 인간다운 삶을 구축한다는 몫을 다하기 위해 더없이 깊이 연구되어야 한다. 책은 그렇게 연구된 글로써 이루어진, 타인과 공존하고, 타인에게 가닿기 위해 우리가 사용하는 도구다. 삶과 지식, 감정과 이야기 공유의 목적이자 전달체로서 말이다.

내용 면에서 지나치게 개인적인 작업들은 그것이 '개인적'으로 남을 때야 의미가 있다. 만약 어떤 사람이 지극히 사적인 글의 편린을 모아 인쇄한 제작물을 주위 사람과 소박하게 나눈다면, 이는 자신을 드러내고, 작은 것을 기억해 기록하고, 타인과 공감대를 형성하고 위로한다는, 인류가 존재를 위해 행하는 모든 활동 중에서도 앞서 말한 좋은 책을 만드는 일이 담보하는 의미, 목적과도 분명 부합하는 작업일 것이다.

하지만 이렇게 소박한 마음 안에서 글을 향유하려는 움직임을 목격할 때도 있지만, 그렇지 않을 때도 적지 않다. 내용과 문장, 서사 정리가 덜 된 성긴 글을 제대로 교정도 거치지 않은 채 쉽게 출판하려는 태도를 목격할 때가 많다. 출판을 자기 PR 상품이나 물건 제작처럼 단순히 돈을 들여 일으키는 행위로 생각하는 경우도 많다.

가뜩이나 사정이 이러한데, 여기에 더해 기본적으로 사람들은 글을 다루는 일에 **값싼 노동력**을 기대*한다. 잘못된 띄어쓰기나 오탈자 정도를 앉아서 스윽 잡아내는 일이라고 생각하는 듯하다. 누가 하든 고만고만하게 할 수 있는 일. 이것이 내가 이 책을 써야겠다고 결심한 결정적인 이유이기도 했다.

글을 쪼개서 들여다보고, 최소 2교 이상을 보려면 작업 시간은 비례해 길어지는데, 그만큼의 성실에 대한 정직한 견적을 내세워서는 경쟁에서 이길 수 없었다. 작업자들에게 단순한 가격 피켓을 들게 하여 가격 경쟁으로 몰아넣는 플랫폼이 득세하는 환경에서 나는 이 일을 하는 작업자에게도 아이덴티티가 있음을 증명하고 싶었다.

---

* 예상이 아닌 기대라는 점이 때로는 무섭다. 기대에는 설렘이 동반되어 있어서다.

나는 사람들에게 글을 굳이 작업자에게 맡겨 바꾸거나 첨삭 받으려는 이유가 뭔지, 그 의미는 무엇인지 묻고 싶었다. 고객이 가정했으리라 짐작되는 단가에 맞춰 선제적으로 낮은 단가를 제시하고, 그 단가기에 가능한 띄어쓰기나 오탈자 정도만 빠르게 솎아 내는 일을 글을 종합적으로 매만지는 일로 생각할 수는 없었기 때문이다. 게다 잘 쓰이지 못한 글일수록, 교정과 윤문 작업이 뚜렷하게 분리될 수 없다. 그런데 어느 순간부터 나는, 눈에 드러나는 오탈자들만 솎아 내는 작업과도 경쟁을 해야 하는 느낌을 받았다. 그건 수많은 지뢰가 매복된 땅을 지뢰가 없는 듯 최면을 걸고 눈을 감고 빠르게 가로지르라는 지시와도 같다. 한마디로, **그렇게 지나칠 수는 없다.**

*

책 편집 시 글과 디자인 작업을 함께하는 경우 자주 느끼는 부분인데, 대중의 인식 속에 디자인은 엄연한 기술의 영역에 속하지만 글은 그렇지 않다는 점이다. 그러나 글 역시도 디자인처럼 세밀한 접근과 가공이 필요한 '언어 기술'인 동시에 '언어 디자인'이다.

사람들은 글은 **누구나** 쓸 수 있다고 생각하는 반면, 디자인은 프로그램 사용법과 기교를 모르기 때문에 **나**는 할 수 없다고 생각한다. 사실이기도 하다. 글은 정말 누구나 쓸 수 있고, 더 많이 그렇게 되길 나 또한 바란다. 그러나 그 태도가 점점 '아무나'처럼 느껴지게 돼서는 안 된다.

위와 같은 구조의 인식 때문인지 보통 자신이 쓴 글은 너무 거칠거나 모나 보이지만 얇게 살짝 다듬는 수정이 필요하다고 생각하는 반면, 디자인은 통째로 일임해 전문으로 대리해 줄 사람을 찾는다. 해결해야 할 사안의 중대성이 다르다.

그렇게 편집이 시작되면, 대개는 글보다는 책을 잘 팔아줄 표지 디자인을 확보하기 위해 양보 없는 토론을 벌인다. 나쁜 작업의 전형적인 패턴이다. 책의 본질은 내용이 담보하기 때문이다.

어떤 작업은 글에 고칠 부분이 너무 많지만, 아주 빠른 속도로 1교 보는 시간에 따르는 작업비 이상은 요구하기가 어렵다. 기본적으로 각 문장의, 그리하여 글의 전체적인 완결성에 큰 관심이 없고 내용에 자신만만한 사람에게 그 문장들의 가독성이 얼마나 형편없는지 설명하고 2~3교의 필요성까지 이해시켜 내기란 불가능에 가깝다. 인터넷 맞춤법 검사기로 서툴게 마감한 교정본을 건네며 이미 교정을 마쳤다고 말하는 사람도 적지 않다. 각자의 사정과 판단에 따라 유형은 다양하다. 비용을 절감하고자 하는 마음도 이해는 한다. 다듬을

수록 더 정교해지는 글의 세계를 아는 나로서는 시간을 쪼개 2교까지는 보려고 노력한다. 이상적인 건 3교로 여러 번 노력을 더해 작업한 글에는 당연히 그만큼의 보람도 잇따른다. 하지만 갈수록, 사람들이 기본적으로 글 작업에 낮고 저렴한 노동력을 기대한다는 일관적인 인상을 지울 수는 없다.

물론 평균 작업비가 상대적으로 높은 만큼 디자인 영역 또한 그만의 애로사항이 존재한다. 수요자에게 가장 직접적으로 노출되는 홍보 수단이다 보니 역할에 기대와 바람이 크고, 비용 투자도 더 하므로 관계자 간 미적 관점의 차이에서 오는 허들을 함께 넘기까지의 과정이 고단하다. 무늬뿐인 타협을 했다는 인상이 드는 경우도 많다.
 디자인을 하며 내가 늘 느끼는 바는, 사람의 시각, 좋은 디자인에 대한 관점의 차이는 많은 대화와 그에 따른 자료 교환만으로는 가닿을 수 없을 정도로 넓고 크다는 것이다. 내가 작업한 시안을 상대가 마음에 들어 할 때조차, 그게 내 마음에 들 때조차, 안 들 때는 더, '이게 맞나' 아리송할 때가 많다. 역시 내게 디자인은 아직까지 어렵고, 동시에 통(通)한다는 느낌이 뭔지도 잘은 모르겠다.

 그래서 가끔은 디자인을 할 때 내 시각 자체를 버려보곤 한다. 상대의 제안이나 아이디어도 너무 이상하지만 않다면 시도해 보려고 한다. 같은 그림작품을 보며 난 무척 괜찮다고 느꼈는데 상대는 영 별로라고 말한다면, 내가 어떻게 그 시각을 이해할 수 있겠는가? 반대로 내 시각에 갇혀 볼 수 없는 지점도 많기에 때로는 버리면 그만큼 배우는 부분도 많다. 이상할 거라 단정했던 요구사항을 적용해 보니 '의외로 괜찮잖아?' 싶은 경우다.

*

글을 바라보는 시각에 관련해서는 출판에 대의가 없거나, 기타 글의 목적에 따라, 글의 본위적인 존재 이유에 맞게 가장 알맞은 형태로 다듬어야겠다고 생각하고 접근하는 일이 어려울 수 있다. 불필요하다고 여길 수 있다.

하지만, 아무리 프로 영역의 출판이 아니며 프로 수준의 결과를 원하지 않는다고 해도, 출판을 하는 데 오탈자만 바로잡겠다는 게 글을 쓴 이의 기준이라면 이제는 굳이 작업자를 구해야 할까 싶다. 그러한 기준 아래 "한 페이지당 몇천 원" 식의 단가는 내게는 어려운 계산법이다. 글과 문단이 지닌 개별 및 상호 복합적인 요소를 전부 무시한 채, 한마디로 글을 전혀 읽지 않고 맞춤법 검사기를 돌려 내가 기계의 결괏값을 대신 타자로 입력해 준다고 할 경우에나 가능한 계산법이다.

 글은 읽어봐야 안다. 어떤 글을 고칠 줄도 모르는데 천편일률적인 단가로 견적을 제시할 수 있을까? 글에 쓰인 문장의 정도(程度, 正道)와 목적을 알 때, 어떤 작업이 될지도 특정할 수 있다. 글을 제대로 다루는 사람은 원고를 봐야 이야기할 수 있다.

 즉, 누군가가 원고도 보기 전에 지나치게 저렴한 작업비를 제시한다면, 바로 그 사람이 맞춤법 검사기로 작업을 손쉽게 진행하려는 사람일지도 모른다. 그렇다면, 맡기지 않고 애초에 혼자 해결해도 충분하다. 인터넷은 어디에나 깔려 있지 않나. 다루는 사람의 정성 없이는 절대 좋은 결과가 나올 수 없는 것이 이 글에 관한 일이기도 하다.

 다음은 또 다른 미시의 예다.

* 여전히 내가 고민하는 미시의 영역 *

[예시 1]
① 인류의 마지막이 불명예로 끝날 수는 없다.
② 인류의 마지막을 불명예로 끝낼 수는 없다.

책에서 내가 직접 사용한 문장이기도 한데, 위 두 표현 중 고민을 거듭했다. 문장만 따로 보면 ①보다 ②가 좀 더 적합한 선택 같지만, 모두 맥락적으로 어색하지는 않았다. 바로 그때, 두 문장의 차이는 무엇인지, 어떤 문장이 더 정확히 내가 원하는 의미를 담는지를 생각했다. 두 문장의 차이는 무엇일까?

문장 ①은 멀리서 안타깝게 바라보는 관망자의 느낌이 더 난다. 모두의 문제로 멀리서 떨어져 바라보는 느낌이다. 문장 ②는 인류에 소속된 소속원으로서 더 결의에 차 있는 듯하고, 강인한 의지가 느껴진다. 글쓴이가 앞장서겠다는 의지다. 그래서 문장 ②로 결정했다.

[예시 2]
① 사람 안에 내재되어 있는 감정들을 포착했다.
② 인간 안에 자연스럽게 내재되어 있는 감정들을 포착했다.

여기서는 동일한 의미로 사용되는 '사람'과 '인간' 중 '인간'으로 표현했을 때 문장이 포괄하는 대상의 범위가 더 깊어져 뒤에 나오는 단어인 '감정'과 더 잘 맞닿는다고 느껴 문장 ②로 수정했다.

사소한 차이일 수 있지만, 글의 전체적인 맥락을 유지하면서도 그 안에서 책이 전하려는 메시지를 한 문장에라도 더 알차게 담고자 한다면 위와 같은 차이도 얼음장 위에 꽂힌 칼날처럼 서늘하게 느껴질 수 있다.

옳게 고친 부분이 압도적으로 많아도 한 개의 오타가 발견되는 순간 작업 전체에 불신이 피어날 수도 있다는 생각에 더 일에 매진하기도 한다. 전달하기 전까지 글을 확인하고 또 확인하는 날 보며 제 명엔 못 살겠다는 생각도 하는데 다수의 편집자가 그렇다고 한다. 대부분은 잘 고쳐 보낸 뒤 발견되는 오타 하나나 부자연스러운 맥락이 눈에 인장이 박힌 듯 서늘하게 남는 일의 특성상 과민함은 어쩔 수 없는 동반자인 듯하다.

당연히 나는 완벽하지 않지만, 내가 놓친 미진함을 발견했을 때 그럼에도 노고를 다했음을 스스로 아는 경우와, 생각해 보니 그렇지 못했다는 데에서 오는 부끄러움으로 새로운 다짐을 일삼는 경우는 완전히 다르다고 생각한다. 지독하게 이기적일 정도로, 나는 나의 감정을 위해서 이 일과 싸워나간다.

*

지금까지 너무 글 이야기만 한 듯해, 잠깐 영화 이야기를 해볼까 한다. 인공지능과의 사랑 얘기로 큰 이슈를 낳은 영화 <her>(2013), 많이들 보셨으리라.

주인공 시어도어(호아킨 피닉스)는 인공지능사회에서 구술 '손편지'를 대신 써주는 일을 업으로 삼아 살아간다. 장기 고객인 경우, 고객의 인생사까지 다 꿰고 있다. 이는 고객이 의뢰한 다음 편지를 작성할 때 성공적인 스토리텔링의 자양분이 된다. 고객의 이야기를 통해 그의 인생을 함께 살아냈으므로 갈수록 풍부하고 (대필이라는 점에선 약간은 모순적이지만) 더없이 정직한 글쓰기가 가능하다.

후에, 시어도어가 대필한 편지들은 '감동적인 손편지'들 위주로 묶여 책으로도 출간된다. 인공지능사회라면 그러한 손편지 작성쯤은 공개적으로 대행될 수 있는 걸까? 당장 오늘 내가 받은 감동적인 편지의 작성자가 편지를 준 당사자가 아닌 이야기의 재료를 공유받은 대필자라면 내 기분은 어떠할까? 미래의 우리도 누군가에게 부탁해 완성한 글을 "너를 위해 썼다"며, "글솜씨가 부족해 전문가에게 부탁했다"고, "그 사람의 이름은 무엇"이라고 기쁘고 뿌듯하게 내밀 수 있을까?

여기서 이보다 중요한 건, 어떠한 <u>마음을 매끄럽고 합당하게 전달하는 데에는 그에 걸맞은 **적절한** 수단이 필요할지도 모른다는 생각</u>

이 주는 시사다. 영화의 첫 장면에서 시어도어는 다음과 같은 내용의 손편지를 감미롭게 대필하며 등장한다.

"당신이 내게 얼마나 소중한지 어떻게 말로 다 할 수 있을까?"
"당신과 처음 사랑에 빠지던 순간을 난 지금도 어젯밤 일처럼 기억해……."

영화의 마지막은 인공지능과의 애정, 우정 전선에서 탈락한 두 인간이자 친구가 어깨를 맞대고 밤하늘을 바라보는 장면으로 끝이 나는데, 영화의 첫 장면이던 위 시어도어발(發) 편지 대사는, 그가 인공지능과의 짧지만 강렬했던 사랑에서 다시 한번 **낙오자**가 되고, 영화가 끝난 후로도, 앞으로도 그가 살아갈 생 내에서 영원히 떠돌 변함없는 그의 마음의 첫 조각들일 거라는 생각이 들었다.

더 나아가 보면 자신을 유일하게 이해하는 존재라고, 운명인 듯 나와 잘 통하는 누군가가 정말 이 세상에 있다고 드디어 만났다고 믿게 만든 인공지능과의 완벽한 관계에서조차 사랑에 실패한 시어도어가, 영화가 끝난 뒤로도 이어질 그의 인생에서 모든 일에 냉소적이돼 당최 이 세상에선 아무것도 하기 싫고 기대하기도 싫다고 생각하게 될까? 아니면 나아진 건 조금도 없더라도, 전보다 더 진실하고 절절하게 계속해서 편지글을 대필하게 될까?

묻는다면, 나는 감히 후자라고 대답하고 싶다. 글은 마음의 조각이자 '감정의 가능성'을 내포하고 있다.* 그리하여 그의 '감동적인 손편지 2', '감동적인 손편지 3'… 시리즈는 계속 출간될 거라고.

*

어떤 대상을 향한 것이든지, 어떤 면에서든지, 글은 <u>사랑을 투여하고 표현하는 일</u>이다. 그리고 사실 비밀인데…, 실제 사랑에 실패하면 할수록, 짝사랑의 역사가 길면 길수록, 지나치게 큰 사랑의 마음 덕에 고개를 처박고 이불 킥한 역사가 깊으면 깊을수록, 글과 더 진득한 사랑에 빠질 인간이 될 확률이 높다. 남녀 간의 사랑이든, 사물과의 사랑이든, 그 대상과 장르, 기간을 막론하고 말이다.

또 그게 내가 항상 글에 미안해지는 지점이기도 한데, 글쓰기는 <u>내</u>

---

* 이는 영화의 첫 장면도 마지막 장면도 모두 '편지 쓰기'라는 점, 영화의 첫 장면에서 쓰는 첫 번째 편지도, 마지막 장면에서 쓰는 마지막 편지도 모두 인간에게 쓰는 것이라는 점에서 증명된다. 여전히 인간이 감정을 느끼는 주체이자 감정을 주는 대상이 된다는 것, 이 '감정의 가능성'은 다시 살아갈 '희망의 가능성'과도 결코 다르지 않다.

일방적인 짝사랑으로 점철된 행위이고, 글은 이것을 거부할 수 없다는 점이다. 그런 측면에서 나는 다소 편리한, 여기에 가능성 면에서 열려 있고 영원히 이어질 짝사랑을 하고 있다. 그렇기 때문에 만일 당신이 어떠한 사람에게 당신 자신의 글을 "대리해서 써달라"라고 말한다면, 그건 그의 특성상 수없이 실패한 짝사랑의 경험을 사는* 일에 가깝다.

나는 더도 덜도 없이 나만 아는 비밀이던 이 이해를, 책을 통해 사람들에게 널리 알리고 한 사회의 통념으로 공유하고 싶었다.

---

* Live와 Buy의 개념을 모두 포함한다.

12.   가끔은 동의할 수 없는 책도 만듭니다만

돌이켜 보면 내 퇴사에는 몇 가지 우연이 작용했지만 단호한 결심도 있었다. 글을 제대로 다루는 사람이 되어보고 싶다는 설익은 바람이었다. 사랑하는 만큼 사랑한다고 말하고, 이 분야에서 더 섬세한 사람이 되고 싶었다. 모르는 부분은 공부하며 나아지고 싶었다. 내 실력이 부족하더라도 당시의 간단한 교정 처리, 제한된 시간과 균일하지 못한 업무의 틀 안에서 원고를 늘 비슷한 태도로만 다루기보다, 일차로 정성을 투여할 기본적인 시간을 확보한 다음, 더 다양한 글들을 다뤄보며 영역을 확장해 가고 싶었다.

내가 원하는 작업을 해볼 수 있도록 원고를 의뢰해 준 고마운 분들이 계셨다. 독립출판 원고들의 경우 구성의 내밀도나 소재의 참신함이 헐거울 때도 있었지만, 얼마나 많은 사람이 글을 통해 자신의 이야기를 남기고, 때로 이 선택 하나로 생의 위기를 돌파해 나가기를 강구하는지(내겐 그들의 글쓰기가 그렇게 읽혔다), 그 살아 있음의, 살아가려는 자들의 절절함을 느낄 수 있었다.

출판사에 다닐 때도 내가 몰라온 세상의 어느 한편에선 그토록 많은 사람이 출간을 희망하고 끊임없이 시도해 왔다는 현재진행형 사실에 늘 놀랐었는데, 회사 밖으로 나온 후로도 그 놀라움은 이어졌다. 무엇보다 이 놀라움은 계속해서 이어질 놀라움이었기에, 바로 이 지점에서 출판 생태계를 더 늦기 전에 돌보아야 하는 이유가 된다고 생각했다.

그런 날들이 이어지던 때, '나도 이들처럼 내 이야기를 책으로 써본다면 괜찮지 않을까?'라는 생각이 처음으로 들었다. '다른 사람의 글을 고치기만 할 게 아니라, 직접 내 이야기를 써보면 어떨까?'라는 생각이. 얼핏 무척 단순하고 자연스러운 발상 같지만 내겐 소설가라는 못 이룬 꿈이 있었기 때문에 다른 장르의 글쓰기는 마치 지구에서 지금 당장 다른 행성으로 살러 떠나겠다는 공언처럼 내가 구축한 상상의 세계에서 멀리 떨어져서 공전하고 있었다.

비로소 이런 발상을 한 배경이라면 여러 사람의 글쓰기를 접하면서 '대체 사람들은 왜 이토록 글을 쓰고자 하는가'라는, 쓰기 뒤에 숨은 인간의 본원적 욕망에 대한 증폭된 호기심과 그 당위에 대한 이해가 뒤따른 덕이었다. 또, 그전에 에세이를 '개인의 글'로만 바라보던 협소한 생각과는 달리, 자신과 세상에 대한 진지한 접근을 통해 쓰인 삶의 이야기라면 주제가 무엇이든 예술성, 참신성 같은 창작 성과와도 연계될 수 있으며, 그 이야기들 모두가 간과할 수 없는 삶의 질료라는 생각을 얻게 됐다.

나는 그렇게, 곧 세상에 나올 글이지만 내가 읽는 시점 기준에서는 세상에서 나만 몰래 알게 된 타인의 삶의 이야기에 공감하기도, 놀라기도, 안타까워하기도 하면서 그들의 이야기와 글쓰기라는 시도에 점차 퍽 큰 친밀감을 느꼈다.

말했다시피 살아가기 위해, 조금 더 버티기 위해, 쓰이는 이런 글들에는 못 쓰고 잘 쓰고가 크게 중요하지 않기도 했는데, 이건 아마 진심을 담아 쓰인 글은 그 자체로, 조금은 서투를 때도, '**내 이야기를 타인의 이야기로 확장하는 힘**'을 지녀서인 것 같다. 우리는 모두 이 행성에 잠깐 살러 왔다는 점에서 동일한 조건 공동체니까.

*

 글을 다루는 일은 모순을 잡아내는 일과도 정확히 일치한다. 글 안에 자리 잡은 문법의 모순, 논리의 모순, 메시지의 모순, 사실의 모순을 잡아내는 일. 그런 모순을 최종으로 점검하는 일을 한다는 나의 글에도 무수한 글의 모순, 인간의 모순이 있다. 결국 글을 통해 발견하는 것은 **나의 모순**이다. 글을 읽을 때도, 쓸 때도.

 그런 면에서 글은 인간과 너무 닮아 있다. 한마디로 그 글을 쓴 인간, 곧 나를 반영한다. 글을 다듬으며 나는 언제나 조금은 나를 반성한다. 그러나 늘 반성한다. 타인과 나의 글 모두 전보다 옳거나 낫게 고쳐내며, 내 부족한 생각도 조금 더 보강한다. 기억나지 않는, 글을 사랑하게 된 첫 시점부터 그랬지만, 나는 글을 나를 교화(敎化)하기 위해 썼고, 부단히 지금도 쓰고 있다. 그럼에도 늘 부족한 채다. 그래도 모순이 존재함을, 모순이 있을 것을 두려워하며 글을 점검하는 사람과 그렇지 않은 사람의 글에는 큰 차이가 있을 것이라고 믿는다.

 어떤 글을 수정할 때는 책의 요소들을 둘러싼 모순점이 내리 보여 자괴감이 들 때도 있다. 그 종류가 문장의 모순, 논리의 모순이면, 시간은 많이 필요하지만 고칠 수 있고 다행이다. 한데 그런 종류의 모순도 즐비한 데다, 그 바탕에 자리한 글쓴이의 모순이 가장 강하게 느꺼질 때 어느 때보다 좋은 마음으로 작업하기가 힘들다. 글이 주야장천 반복해서 귀에 주입하는 메시지와 내 눈에 비친 삶의 태도가 다르게 느껴져서인데, 그만큼 글도 섬세하지 않은 경우다. 그런데, 벌써 이런 말을 하는 내게서도 모순이 느껴지지는 않는가? 좋은 글로 이루어진 좋은 책을 만들어야 한다고 지금까지 말해왔으면서 실제로는 타협할 때도 많았다.

이 책을 통해 '할 수 있는 최선을 다해 좋은 책을 만들어야 한다'고, '그 이유와 방법에는 무엇이 있다'고 제안하지만, 결국 나 역시 엄밀하게 내 기준에 부합하는 책 작업만 진행하지는 않아온 것이다.

어떤 일이든 업이 되면 주관대로만 흐르게 할 수 없다는 걸 돈벌이를 해본 이라면 모두 공감할 것이다. 일은 곧 먹을 음식을 마련하는 일, 기력을 얻어 걷고 말하는 일, 생계와 맞닿아 있기 때문에 기준을 무너뜨려 가면서도 진행할 때가 있다. 프리랜서가 되며 전보다는 주관을 많이 표현했지만, 상대와 협의해 일을 진행하고 마무리한다는 바탕은 직장생활 할 때와 같았다. 글과 디자인 작업을 겸한다는 직무도 동일했다. 회사를 나올 때만 해도 디자인은 다시는 하지 않겠다는 생각이었지만, 생계와 연결되었다 보니, 하고 또 하다 보니, 어느새 부족하지만 좋아하고 있었고, 이렇게 출판사 등록까지 한 후로는 가진 기술을 이용해서 또 디자인을 하게 됐다. 어떻게 보면 작가를 꿈꿨던 어린 시절과 이후 학원에서 디자인을 배우기 시작한 첫 순간부터, 지금처럼 직접 쓴 글을 디자인해 출판까지 하는 일이 돌고 돌아 와서 내가 걸어갈 길이었던 걸지도 모른다.

*

이 책의 메시지에 모순이 없으려면 작업자인 내게 큰 회의감을 주는 작업이라면 하지 않았어야 옳다. 아니라면 더 나은 글과 책으로 도약하도록 언제나 명확한 안을 제안해 이끌었어야 옳다. 제안을 안 해본 건 아니다. 넌지시, 꾸준히, 이야기해 보았지만 상대방이 글의 격의 고양에 별 관심이 없을 때는 더 높은 작업비용이 드는 제안을 강하게 하기가 꺼려진다. 기관 의뢰처럼 예산이 정확히 정해진 경우에도 그렇다.

평소에 취미로 독서할 때도, 약간의 터치만으로 참신한 소재의 매력이 배가될 수 있는데 명확하게 출판사가 개입하지 않은 경우나 내용과 전혀 관계없는 글의 제목이 수정되지 않은 경우를 볼 때가 있다. 또, 흥미로운 글감들을 모은 책인데 글과 디자인 편집이 약간 아쉬운 경우도 만난다.

고깃집 사장님과 내 삶의 차이랄까. 가끔은 명확히 정리된 메뉴판 하나로 가격 네고를 하지 않아도 되는 식당 주인이 부럽다. 1인분이면 1인분, 2인분이면 2인분. 계란찜이나 공깃밥을 추가할 때도 명확한 대상, 분량과 가격이 있다. 이 기준을 임의로 쪼개어 "우리가 배가 부른 상태라 그런데 고기는 0.2인분만 추가해 주시면 안 될까요?"라든가 "아이가 먹을 거라 공깃밥 반 공기만 반값에 주세요"라는 협상 테이블은 열리지 않는다.

글은 이와는 다르기에 진득하게 앉아 읽어가지 않는 한 가치를 예상하거나 쉽게 판별할 수 없다. 액면으로만은 판단하기 어렵다. 그래서 이 일의 아이덴티티를 증명해야 했다. 우리 직업의 차별성을.

안타깝지만 앞으로 변화할 세상에서 기업이 투여하는 자본이 인력 고용이 아닌 기계 고용(AI 서비스)의 확대로 향한다면, 기계가 우리의 노동을 대신하게 된다면, 기계가 대체한 시간과 작업물만큼 인간에게 주어지던 보상은 줄어들 것이다. 또, 기존에 자본에서 더 소외되어 있던 직업들일수록 빨리 대체될 것이다.

사회에서 노동자가 배려받아야 하는 이유는 그들이 노동자이기도 하지만, 동시에 소비자이기도 하다는 점 때문이다. 어떤 직업의 경우에는 해당 노동의 가치, 근간, 중점을 오인하거나 쉽게 생략하거나 기계에 맡기는 것으로 대체하기 시작하면 그 사회의 전체 도안(圖案)이 바뀌어 버리기도 한다. 그 바뀐 사회는 공동체가 살아갈 또 다른 세상(도감)이 되며, 우리는 모두 그 공동체 안에 속해 있다. 무엇보다 사회와 공동체가 노동자를 배제하면, 처음엔 승자독식의 세상에서 일부가 행복함을 누리겠지만 결국엔 소비자를 잃는다는 점을 잊지 말아야 한다.

막간의 결론.

"인간 시어도어가 쓰는 대필 편지는 좋지만, 내가 건넨 자료를 섞어 기계가 토해낸 편지를 돈 주고 사기는 싫다."

*

처음엔 엉망인 글을 써두고, 전문가가 잘 고쳐주리라 믿는 것인지 글이 어떻게 수정되는지에 관심을 보이지 않는 태도를 마주하면 경악스럽기도 했다. 반면, 표지 디자인에 관해서는 시도 때도 없이 연락이 오곤 했다. 글의 주인부터 글의 문장적 매듭과 호흡, 리듬에 관심이 없으니 다듬는 보람도 적었고, 예산 측면에서도 글을 전체적으로 곱고 마음에 맞게 바꿀 여유도 주어지지 않았다. 그런 작업을 반복하는 게 싫어 퇴사했는데, 동일한 일을 할 때도 많았다. 글에 한해서는 의미 있는 일에도, 어쩌면 의미 있는 일이어서 동일하게, 예산이 적을 때가 많았다. 하지만 열악한 조건 속에서도 마음을 고쳐먹고 끝까지 해보자고 다짐했던 건, 생계 이유도 있지만 역시 이 마음 때문이었다.

'내가 겪은바, 내가 작업하지 않더라도 분명 다른 누군가가 이 일을 맡아서 할 것이다. 그럼 차라리 지금의 문제의식을 지닌 내가 할 수 있는 한에서, 현재의 조건과 환경 안에서, 이 한계의 인식 안에서, 그나마 최선의 작업을 하는 것이 낫다. 진정한 의미의 최선은 아니지만 최소한의 문제의식조차 없이 다뤄진 글이 어떠한 모양새를 띨지는 너무도 뻔하지 않은가.'

이른바 최선이 안 된다면 차선을 택한다는, 사람들이 인생의 난제를 돌파할 때 흔히 쓰는 그 방법을 나 또한 선택한 것이다. 어떻게 보면 오지랖이고, 약간은 피로한 사명감이다. 그리고 지금, 만사를 제쳐두고 이 책을 엮고 있다.

멀끔한 표지와 출판사 로고를 덧입었지만 무분별한 출판에 대한 경각심이 생긴 건 작지만 꾸준히 쌓이는 이러한 경험들 때문이었다. 책을 만들겠다는 생각의 주춧돌엔 탄탄한 글(문장)과 새로운 이야기

(정보, 스토리텔링, 관점)가 포함되어 있어야 한다. 예술작품처럼 문장이 아름답고 묘사가 뛰어나야만 한다는 얘기가 아니라, 최소한의 논리성, 문장다움은 갖춰야 한다. 그 부분에도 노력(시간, 돈)을 투여해야 한다.

이런 관점에서 글쓴이가 제작을 위해 출판사를 고를 때도 책의 겉을 예쁘고 화려하게 만들어 줄 곳인지를 따지기 전에 책으로 만들 만한 글인지, 문장의 만듦새는 잘 갖추었는지, 자신의 글을 정성스레 다루고 시간과 비용을 더 들여서라도 새로운 제안이나 비평을 더해 줄 출판사일지를 먼저 생각하기를 바랐다.

물론 이렇게 성급해 보이는 욕망 또한 덜 정제돼 어수선해 보일 뿐, 내가 지금 글을 쓰고 책을 만들려는 마음과 무척 다른 종류의 욕망이 있는 건 아닐지 모른다. 할 수 있는 모든 시도를 해보며 모두 열심히 사는 것뿐인지도 모른다. 보편의 욕망인지 모른다. 그 자체까지 나쁘다고는 말할 수 없을 것이라는 생각도 가끔은 한다. 이 숨 가쁜 경쟁사회에서 누군가가 한시라도 빨리 한 권의 책을 만드는 일을 자신의 무기이자 목표로 삼는다면, 똑같이 뿌리 없이 떠돌며 사회적 불안에 떠는 한 인간으로서 어찌 그 모습을 탓하기만 하겠는가. 이건 인간 모두의 책임이 아닌가. 어찌 됐든 나쁘다, 아니다를 말하기 이전에 출판을 둘러싸고 횡행하는 이러한 태도와 모습들을 적지 않게 목격한 일이, 내게 지금의 책을 쓰게 하는 계기와 영감이 됐다.

*

아까 글쓰기와 다듬기가 나를 반성케 하고 나를 교화하기 위해 행해진다고 말했는데, 독서도 마찬가지 역할을 한다. '불평만 할 것인가, 대안을 제시할 것인가'의 기로에서 뒤쪽에 더 힘을 보태기로 했다.

한때 편집에 대해 조금이나마 더 이해하기 위해 여러 책을 읽던 중 마음에 울림을 받은 대목이 있다. 출판편집자로서 어떤 태도를 지녀야 할지에 관련해 귀감이 되는 이야기로 한 편집장이 일하며 보인 모습에 대한 내용이다.

시인이었던 그는 작가가 쓴 글을 읽고 감탄하거나 아쉬워는 하더라도 글에 대해 경멸하는 태도를 보이지는 않았다고 한다. 또, 곧바로 책으로 만들기는 어려운 원고라고 판단될지라도 가능성을 잘라 생각하기보다도 나중을 기약하는 따뜻한 여유를 보였다는 것이다.

나도 분노와 회의(懷疑)보다는 여유를 품기로 했다. 가능성을 발견하고 북돋고 싶다. 이상과 현실의 중간에서 버티는 일을 택했다.

회의감보다는 긍정적인 열정을 품는 편이 누군가가 나를 바라볼 때도 훨씬 건강한 영감을 주지만, 나 자신을 위해서도 도움이 된다. 나 혼자 만년 자괴감을 끌어안고 있다고 세상은 변하지 않는다. 선택할 수 있는 선택지 내에서 선택하고, 조금씩 내 식의 변주 속에서 나아가며 여유를 지니고 싶다. 몽땅 한 번에 바꿀 수는 없어도, 조금씩 나아질 수는 있으니까. 부러지지 않고 유연해져야, 살아갈 수 있으니까. 이 사실을 알게 된 건 얼마 되지 않지만.

사실 모든 글은 나아질 가능성을 품고 있다.

퇴고를 거듭할수록 글이 좋아지는 이유도 바로 이 '가능성' 때문이다. 물론 이 가능성의 반향에는 내가 어떤 글을 어느 정도로 쓰는 사람인가에 더해 누구를 어떠한 방식으로 만나느냐도 중대한 영향을 미친다. 앞으로 이 일을 계속하게 될지는 모르겠지만 이런 생각으로 나아가려 하고, 부딪히더라도 언제나 여전히 이렇게 나아가고자 생각할 것임을 여기에 표식으로 남긴다.

Part 3.

글 쓰는 자는 숨어 말하지 않는다

13.　각 자들의 차이를 설명하시오

[문제] 교정·교열자, 윤문자, (리라이팅 포함) 대필자, 편집자의 차이를 나누어 설명하시오.*

-
-
-
-

---

* 「3. 플러스 윤문이라며…」의 시작부에서 설명한 '교정, 교열'과 '윤문'의 개념을 참고하면 정리에 도움이 될 듯하다.

이 차이를 물어보고 분류를 권하는 이유는 **글 작업**에도 다양한 세부 영역, 기술 영역, 진행 단계가 있음을 알리기 위해서다. '교정·교열'이란 표현 하나가 '글 다듬는 일'의 전부를 포괄하는 표현으로 사용될 때가 적지 않은데, 이런 환경 안에서라면 글 다루는 일의 쓰임은 계속 낮은 위치에 머무를 것이다.

말해왔듯 글은 한눈에 기술의 숙련도가 파악되는 디자인과는 다르다. 이미지는 즉자적인 만큼 효과도 빠르고 강력하지만, 글은 읽을수록 찬찬히, 서서히 달궈지는 온돌처럼 내면에 스며들어 작용한다. 함께 호흡하는 기간이 오래기 때문에 그만큼 질이 중요한데, 쉽게 말해 읽는 동안 편안해야 한다. 그런데 적어도 책 한 권 중 1/3 분량은 읽어나갈 정도의 시간이 흘러야 그 세밀도와 효능을 알 수 있기에, 언뜻 중요하다고 여겨지는 듯 보이지만 점차 그 중요성이 희석되거나 중시되지 못할 때도 많다. 그래서 여기서는 글 작업에 어떤 세부 영역이 존재하는지 구체적으로 소개하고 살펴봄으로써, 반대로 그 영역을 확보해 보고자 한다.

다음은 지극히 나의 분류로, 여러분은 비워둔 왼편 공간에 여러분만의 생각과 규정을 먼저 적어보고 넘어오면 된다.

- **교정·교열** : 단어와 문법(교정), 내용(교열)의 오류를 바로잡는 일. 가장 기초적인 글 작업으로, 글을 책으로 변환할 때 제일 앞선 주춧돌이 된다. 단순히 글자를 고치는 일이 아니라 글의 문맥에까지 관여하는, 책을 만드는 편집 과정의 일부다.

- **윤문** : 앞선 문장의 오류를 바로잡는 일(교정·교열)을 넘어 문장과 문맥을 전체적으로 물 흐르듯 매끄럽게 다듬는 일. 문장의 리듬감과 구조의 결을 만지는 일. 한번은 1950년대 한국전쟁 시 공군으로 복무한 두 비행사의 일기를 현대어로 다듬는 작업을 한 적이 있다. 기억에 남는, 재밌고 뿌듯했던 작업 중 하나다. 또, 딱딱한 직역으로 옮겨진 번역문을 우리말로 부드럽게 읽히게 다듬는 일도 포함된다.

- **리라이팅** : 개인적으로는 윤문과 대필의 경계에 있는 작업. 필요한 부분에 사료나 내용을 보강해 가며 구성 조정을 포함해 전체적으로 새롭게 쓰되, 대필처럼 아예 백지에서 시작하지는 않는다. 쉬운 예로, 자신이 작성한 초고를 주며 리라이팅을 부탁하는 경우가 있다.

한번은 본인이 굉장히 열심히 쓴 원고인데 문장이 엉망인 것 같아 투고 전 다듬어 좋은 원고로 만들고 싶다며 리라이팅을 부탁하신 분이 있다. 미리 출간 약속이 된 원고가 아니었지만, 작업 후 실제로 출판사와 계약하게 돼 작가분도 나도 감회가 새로웠다.

- **대필**: 남을 대신하여 쓰는 일. 대필이 가장 발달한 분야는 자서전이나 기업 홍보 서적, 성과집이 아닐까. 자서전의 경우 이야기의 주인공을 일정 기간 인터뷰해 녹취를 따거나 글쓰기에 필요한 방대한 자료를 전달받아 글의 초안부터 작성해 나간다.

- **편집**: 원고를 옳게 엮는 일. 원고를 제대로만 잘 읽어도 자연스럽게 재편되거나 새롭게 묶이는 파트가 생겨난다. 교정과 교열, 윤문도 글을 편집하는 일이지만, 책의 전체적인 구도에서 '원고를 옳게 엮고 다듬는 일'을 출판에서는 '편집'이라고 부른다.
교정과 글 감수를 총괄하며, 구성 관련 아이디어 제시 및 관여까지를 전제로 한다. 즉, 최초의 원고 기획부터 집필 제안, 글 편집과 수정, 컨설팅, 책임 진행까지 포함하는 개념이다.

대부분의 사람이 원고 수정을 의뢰할 때 "교정하고 싶다", "교정·교열이 필요하다", "페이지당 가격이 얼마냐"라고 묻지만, 웬만큼 글을 능숙하게 다루는 사람의 원고가 아니고서야 윤문을 배제하고 글 내 오탈자만을 다듬을 수 있는 경우는 거의 없다. 오히려 상당한 정도의 윤문이 필요한 경우가 대다수다.

그렇다고 절망할 필요는 없다. 내가 책을 통해 내내 말하고 싶은 이야기는 마음과 태도의 빛깔이니까. **글을 쓰고 싶다는 마음, 잘 다듬어진 글로 완성해 보려고 하는 태도.**

사실 일반의 염려와는 달리, 글을 못 썼다고 해서 무조건 출판사에서 글이 거절당하는 것도 또 아니다. 「16. 식물성을 삼킨 동물성」에서도 언급하겠지만, 개인이 출간 관련 비용을 전부 부담하는 자비출판의 경우 웬만한 글 뭉치로도 책을 제작하기 어렵지 않고, 내용의 필요도와 유용성 측면에서 가능성은 보이지만 문장과 구성의 퀄리티가 떨어지는 경우라면 윤문자에게 따로 원고를 맡겨 다듬어 오라며 반려시키기도 한다.

출간 예정 원고지만 교정·교열을 온전히 책임지지는 않는다며 따로 더 꼼꼼히 진행해 오라던 출판사도 보았다. 기획성이 있고 메시지가 담겼으면서도 어느 정도 잘 정리된 원고를 대상으로는 글쓴이와 출판사가 제작 비용을 나눠 분담하는 '부분 자비출판'을 진행하기도 하는데, 이 경우였다. 출판사가 제작과 판매는 진행하되 글은 따로 더 매끄럽게 다듬어 와도 "괜찮다"고 **요청**한다. 혹은 디자인 작업이 시작되기 전에 출판사가 왠지 글을 꼼꼼하게 봐줄 것 같지 않다며 직접 작업을 맡긴 분도 계셨다.

이런 추세이기 때문에 요즘 시대에는 순전히 '글을 못 썼느냐 잘 썼느냐'만이 출간의 모든 가능 여부를 결정한다기보다는 최악의 경우 돈 혹은 유명세가, 그 외에는 원고의 참신성과 출간의 필요성, 즉 내용이 트렌드와 상통하거나 독자에게 소구력을 발생시키는 기획이나 주제일 경우, 문장력이 다소 떨어지더라도 보완을 통해 좋은 원고로 탈바꿈할 수 있다고 보는 시각이 더 많다.

문제는 이 출간의 허들을 어느 높이로, 얼마나 더 탄탄한 구조로 적용해 원고를 탈바꿈시킬지를 결정하는 일이 제작에 참여하는 이들의 '의지' 문제라는 것이다. 글을 쓴 사람과 많은 출판사가 얼마큼의 의지로 임하느냐, 어느 정도의 의지를 반영하느냐에 오직 출판의 질이 달려 있다.

*

진정한 작가나 저자로서 본분을 지녔다면 기본적으로 문장을 너무 엉망으로는 쓰지 말아야 한다는 것이 내 생각이다. 특히 '작가'라고 불리려면 글을 다루는 능력 정도는 일반인 이상으로는 지녀야 하지 않을까. 하지만 나 역시 이 부분이 무조건적 필요 요건이라고는 생각하지 않는다. 좋은 문장을 쓰려고 강의도 들어보고, 책도 많이 읽고, 글도 꾸준히 써보며 노력했는데도 어렵다면 이를 진심의 문제만으로 치환해 바라볼 수는 없는 셈이다. 책 쓰기에 필요한 다른 재능과 진심이 있다는 가정하게 말이다.

그런데 때로는 어떻게 책을 그렇게 자신의 이야기를 설파하는 도구로만 접근하고 대하는지 이해가 안 갈 정도로, 삼사일 만에 글자를 내쏟듯 원고를 완성했다며 건네는 사람도 만나봤다. 놀랍게도 이런 원고도 책으로 만들겠다는 의지와 돈만 있다면, 책으로 만들어진다.*

---

* 초고를 빨리 쓰는 건 좋다. 실제 많은 글쓰기 작법서에 나오는 팁인데, 글쓰기 경험이 적을수록 더 글은 약속된 시간에, 되든 안 되든 자리에 앉아, 내달아서 써야만 결과를 겨우 얻는 분야다. 한 글자도 토해지지 않더라도 무조건 한글문서나 공책을 펴고 눈을 부릅뜨고 앉아 있어야 한다. 지면을 노려보아야 한다. 억지로 쓰느라 쓸수록 오히려 글이 엉망이 되어가는 기분이 들더라도 일단 써야 한다. 무언가 질료가, '최소한의 채워진 글자'가 있어야 나중에 내용을 바꾸고 더하지도 않겠는가.
나 역시 이 책의 원고 전반을 2020년에 작성해 두었다 그 시기를 놓쳐 무려 3년이 흘러서 이어서 쓰고 또 텀을 두고 수정하고 있다. 책을 다듬어 가며 큰 후회는 없지만, 그때 흐름을 놓지 않고 몰아쳐 작업했다면 어떤 글이 쓰였을지 문득문득 궁금했다.

나로서도 극단적인 경험이었지만, 그런 원고를 읽으면 쓰고 한 번이라도 글을 처음부터 끝까지 찬찬히 읽어봤을까 궁금하다. 단 한두 챕터라도 흐름을 타며 진득이는 읽어봤을까? 아마 스무 페이지도 읽지 못하고 덮었을 것이다. 아무리 교정자를 섭외할 예정이었다지만, 그 작업자가 자신이 쓴 글의 첫 번째 독자가 된다는 점을 감안했더라면 최소한도로 가다듬는 열의 정도는 보였을 것 같았다.

마치 책 공장을 돌리듯 한 권의 책을 만들기 위한 아이디어를 생성하고, 목차를 짠 다음, 지식과 자료, 주장을 욱여넣는다. 그 뒤, 나 같은 작업자를 찾아 건넨다. 아무리 그 안에 반짝반짝 빛나는 혁신적인 아이디어나 발제가 담겼더라도, 나는 그런 작업 방식을 고수하는 사람이 훗날 학자나 강연자가 될지는 몰라도 작가는 될 수 없을 것이라고 생각한다. 적어도 작가라면, 에세이든 평론이든 학술서든 교양서든 과학서든 일대기든 무슨 이야기를 하든, 이른 아침이나 따뜻한 오후, 혹은 고요한 밤, 문장 요소 간의 관계를 두고 아무도 모르더라도 치열한 사투쯤은 자주 벌여야 한다. 여러 분야를 망라해 다루는 전문 저자가 되길 희망한다고 해도 마찬가지다.

말했듯 글은, 진심이 담긴 한 협업과 상의, 조력자의 도움을 통해 더 나아질 **가능성의 토양**을 언제나 기본으로 지녔으니까.

물론 이렇게 재빠르게 쓰인 글도 유의미한 메시지, 경험, 지식을 요목조목 담아냈다면 출판사에서 채택될 수 있다. 어떤 출판사든 내부엔 편집자가 있기에, 그들이 문장과 내용을 매만져 신선한 재료뿐인 원고를 산해진미로 빚어 예쁜 그릇에 담아낼 수도 있다고 생각한다.*
어쨌거나 세상에 내놓을 만한 이야기와 문장으로 **탈바꿈되는 과정**이 반드시 필요하다.

여기서는 잘 쓴 글의 절대성이나 글쓰기 능력의 유무를 지적하면서 내 직업의 필요를 강조하는 것이 책의 목표가 아니다. 책에 있어 글을 대하는 태도가 주제다. 내가 생각하는 옳은 태도를, 사례를 통해 전달하는 방법밖에 쓸 수 없어 미약하나마 내 경험을 참고삼는 것뿐이다.

그러니 글을 못 쓴다고 낙담하거나 도전하기 힘들겠다고 생각하지

---

* 물론 이 '산해진미'로 빚어지는 사례를 내가 직접 보았다는 이야기는 아니다. 실제의 나는 질 낮은 원고가 너무도 많이 출간되는 것과 일말의 가능성을 지닌 원고가 제대로 된 편집자의 손길을 거치지 않은 채 출간되는 모습을 더 많이 보았다. 현실에서는 일하는 사람들의 진심의 문제와는 별개로 제작여건이 더 중히 고려되기도 한다. 그래서 출간에 한한 한, 최소한 어떤 책으로 만들어 보겠다는 글쓴이의 기준과 의지가 매우 중요하다고 생각한다. '이 정도면 됐겠지'는 대부분 잘 정비된 전문 출판의 영역에선 아닌 경우가 더 많으므로. 특히 어떤 출판사의 책무가 '제작'에 편중되어 있다면, 부족함을 메우려는 글쓴이의 투철한 의지와 검토가 더욱 여기에 중요한 영향을 미칠 것이다.

는 말자. 쓰고 싶은 이라면 누구든, 일단 **쓰는 일**부터 시작하면 된다. 부족한 점은 노력해서 보완하고 고쳐갈 수 있다. 세상만사가 그렇듯 지닌 능력의 본유함의 차이는 존재하나, 조금씩 나아질 수 있다고는 믿는다. 이 같은 나아가려는 태도는 언제 어디서나 북돋아져야 한다.

다듬을 글의 영역은 필요에 따라 다양하고, 목표를 공유해 가며 얼마든지 조력하고 받으며 함께 만들어 갈 수 있다. 그 논의의 장이 필요하면 만들면 되고, 그러한 사람들이 필요하다면 찾으면 된다.

여기 그들의 이름이 있다. 그들의 이름은 '교정·교열자, 윤문자, 대필자, 편집자'로 불린다.

14. 번역자의 위치와 역할

바로 앞에서 글 작업과 관련해 '교정·교열자, 윤문자, 대필자, 편집자'에 대해서는 살펴봤지만 번역자에 대해서는 다루지 않았다. 국어 외 다른 언어 능력이 없는 나로서는 체험할 수 없는 일이기도 하고, 잘 알지 못하므로 함께 이야기하기 조심스러웠다. 하지만 이 일을 하다 보면 번역자의 위치와 역할에도 자연스럽게 관심이 생긴다.

우선, 번역자는 무슨 일을 하는 사람인가? 말 그대로 다른 나라의 언어로 쓰인 글을 모국어로 바꾸어 전달하는 사람이다. 번역에는 크게 잘된 번역과 잘되지 못한 번역이 있다고들 한다. 이때는 **정확성**과 **유려함**이 주안점이 된다. 원어의 언어 체계를 이해하는 독자라면 원서와 비교를 통해 번역의 정확성과 유려함 둘 다를 중시할 수 있을 테다. 그러나 한국어 번역으로만 오직 외서를 접하고 이해해야 하는 독자라면 유려함과 문체에 대한 취향이 번역된 작품을 받아들이는 데 더 큰 영향을 줄 것이다. 원어에 대한 지식이 없는 상태에서 번역의 정확성을 평가하기란 불가능한 일일 테니 말이다.

  나의 경우 국어 외 언어 능력이 없으므로 당연히 후자에 속하는데, 어렸을 때의 무지와 달리 원어를 이해하지 못한다고 해서 번역에 대해 이야기할 수 있는 권한 자체가 사라지는 건 아닌 듯하다. 어쨌든 우리나라 말로 우리나라 사람에게 읽히기 위해 새로이 태어나는 과정이 번역 아닌가. 게다 동일한 문장도 각기 달리 번역되어 이루어지는 총체가 번역서라는 점을 감안해 보면, 아무리 정확성에 중점을 두더라도 번역에서 윤문은 큰 비중을 차지한다.

  실제로 번역에 민감한 사람들은 원서의 여러 번역서를 비교해 가며 좀 더 옳거나 좋다고 여겨지는 번역서를 골라 독서하기도 하는데, 원어를 읽거나 이해할 수 없는 나의 경우 지나친 직역으로 나뭇조각을 꺾어 쌓은 듯 문장의 연결점과 단어가 삐걱거리고, 원서에 쓰인 게 분명한 불필요한 지시대명사가 불쑥불쑥 등장하는 번역서를 읽을 때면 번역의 취사선택도 필요하겠다는 생각을 한다.

재밌게도 번역자는 유일하게 책의 전면인 표지와 책등에 원작자와 함께 이름이 실리는 직업이다. 어느 날 책 표지를 바라보다 문득 그 사실을 알게 되었다. 북디자이너의 경우 앞날개 하단에 작게 따로 이름을 싣기도 하지만, 대부분 책과 관련된 파트별 작업자들의 이름은 영화의 엔딩 크레딧처럼 내지 판권면에 모여 실린다. 번역자의 경우 가장 오랜 시간 원서와 함께한 사람, 원고가 독자와 만나기까지 가장 핵심적인 역할을 한 사람이기에 저자의 옆자리에, 함께 이름이 놓이는 게 아닐까 싶다.

그러나 역설적이게도 번역자는 **좋은 번역을 했을 때** 반대로 독자에게 가장 존재감이 없다는 우스갯소리도 들린다. 우리가 번역자의 이름을 굳이 책 앞으로 돌아가 확인할 때는, 책을 읽다 번역이 도통 마음에 들지 않을 때라는 것이다. 좋은 번역을 한 번역자의 이름은 확인되지 않는다.* 책의 전면에 이름이 실리지만 독자에게 존재감이 없을 때 가장 훌륭한 번역을 했다는 방증이 되는 셈이다.

번역을 포함, 창작에서 좋은 글은 작법에 따라 다르겠지만 삐걱거

---

* 다수의 대중이 독서를 할 때 무의식적으로 일어나는 패턴을 말한다. 책을 많이 읽을수록 반대로 좋은 번역일 때 번역자의 이름을 확인하는 경우가 늘어난다.

림이 없어 강물로 치면 부드럽고 투명하다. 하지만 독서를 오랜 시간 해온 독자는 시간이 흐르며 굳은살이 쌓이듯 굳이 원서와 매번 대조하지 않더라도 좋은 번역자의 존재를 가까이 느낀다. 좋은 편집자의 존재도 동일하다. 좋은 글은 투명하다. 하지만 그러면서도 또한 독자가 독서할 때 좋은 윤문자, 편집자, 번역자의 존재가 가까이 있음을 더 풍성하게 느끼며 함께 감상할 수 있다.

*

대학생 때까지만 해도 번역서가 너무 안 읽히면 내 이해력이 부족해서, 책이 나와 맞지 않아서, 원래 어려운 책이어서 그렇다고 생각했다. 번역을 의심하거나 번역자의 이름을 아주 관심 있게 들여다본 적이 없다. 그런데 이십 대 때 한 권의 책을 선정해 이야기를 나누는 문학 팟캐스트를 듣다가, 여러 번역 중 특정 출판사의 번역본을 진행도서로 선정한 진행자가 "가장 잘된 번역이기 때문"에 선택했다는 설명에 번역서가 잘 안 읽힐 때 그것이 내 잘못만은 아닐 수 있겠다는 걸 처음으로 깨달았다. 지금 와 생각해 보면, 처음부터 우리나라 사람의 우리말로 쓰인 책과 원어가 따로 있어 전환을 거치는 번역서의 제작 과정, 차이를 들여다볼 줄 몰랐었다. 이런 지점에서는 번역자에게 작가를 능가하는, 적어도 동등한 재능이 필요하다고 주장한 블라디미르 나보코프(Vladimir Nabokov)의 말처럼 번역자는 작가의 분신인 동시에 모국어의 자아를 가진 '또 한 명의 작가'라고 보는 것이 옳겠다. 매 문장과 단어의 선택 및 조합에 일일이 개입하니 말이다.

하지만 철저한 직역 중심의 번역관을 지녔던, 원작 작가의 몸짓과 말, 행동, 생각까지 내면화해 **흉내 내길** 바랐던 나보코프의 관점에 대해서는 동의하기가 어려울 듯하다. 나보코프가 이토록 의역을 혐오한 이유는 의역을 특정 의도에 부합시키기 위해 원문을 훼손하는 행위로 보았기 때문인데, 그는 완전히 상이한 언어를 직역해 원문의 운율이 다 죽더라도 직역이 옳다고 말했다. 번역자가 자연스러운 글의 흐름을 추구할 바에야 직역을 하고 주석을 통해 원문의 운율을 부가 설명하라고 말이다.

그러나 내 생각에는 그렇게 직역했을 시 당장 원어(출발언어)의 운율이 사는 게 문제가 아니라, 변환어인 모국어(도착언어)의 운율이 죽는데 혼자가 아니라 결과적으로 번역 전의 원문의 운율을 껴안으며 함께 죽기 때문에 실리적인 이유가 전혀 없어 보이는 번역관이라는 생각밖에는 들지 않았다.

변환된 언어들에는 정적이든 동적이든, 딱딱하든 부드럽든 서로 다른 단어와 문법이 만나 빚어내는 특유의 리듬이 생겨난다. 그 새롭게 태어난 리듬(언어적 흐름, 문맥)을 중시하지 않을 거라면, 어색하여 읽어나가기, 그리하여 이해하기 힘들더라도 원어의 체계에 꼭 맞춰서 고쳐진 글로 읽어야만 온전한 독서가 가능한 거라면, 억지로 우리말로 읽기보다 직접 원어를 배워서 원서를 읽는 것이 옳다. 번역하지 않는 것이 낫다.

번역에는 다른 모국어를 지닌 각기 다른 사람들에게 국경을 넘어 전달해야 할 정도로 해당 작품에 필요와 가치가 있어 공유하겠다는 판단 또한 내포되어 있다. 이는 '전달'에 목적을 둔 **재창작**이며, 어느 정도 부드러운 내용의 이해를 태생의 전제로 한다. 언어가 한 사회의 플랫폼이자 인지 체계라면, 해당 플랫폼에 맞게 잘 다듬어져야 받아들이기도 옳다.

물론 시나 소설 같은 문학작품은 접하는 사람마다 같은 작품도 상이한 관점으로 이해하는 경우를 많이 본다. 바로 이 점 때문에 무엇이 매끄럽고 좋은 번역인지 평가할 순수한 모국어적 기준조차 동일한 모국어를 쓰는 사람마다도 감상의 기준과 결이 달라 모호하게 느껴질 수 있다. 이때는 당연히 '정확성'이라는 원칙에도 튼튼히 잘 기대야 한다. 정확성은 기본 원칙이다. 원어를 **정확히 이해**하는 번역자가 정확성에 만전을 기해 원어의 말의 맛, 문법 체계, 옳은 표현을 구현해 살려야 함은 원천적으로 지녀야 할 책무이다. 우리나라 사람이 읽기에 편하게 원문을 자유롭게 흐트러뜨리며 고쳐야 한다는 뜻이 전혀 아니다.

결국 어떤 경우, 한국 독자 입장에서 그 표현법이나 유려하게 읽히는 정도가 다소 아쉽더라도 정확성의 관점에서 '옳은 번역'은 존재하는 셈이다.

*

앞서 이 일을 하다 보면 번역자에게도 관심이 생긴다고 말했는데, 여기에는 두 가지 관점이 공존한다. 하나는 독자의 관점이고, 다른 하나는 편집자의 관점이다. 둘은 뒤섞이기도 한다. 독자의 관점에서 이해가 가지 않는 것이 편집자의 관점으로 넘어가는 경우다.

[일반 한국어 독자의 관점에 머물 때]
직역투가 느껴져 다소 아쉽지만, 이국의 문체로 받아들여 매력적

으로 읽을 만할 때는 독자의 관점에 계속 머물게 된다.

[편집자의 관점으로 확장될 때]
정말 좋은 책인데 몇몇 아쉬운 부분이 그냥 아쉬운 정도가 아니라 크게 결점으로 작용하는 느낌이 들 때 편집자가 더 적극적으로 보완에 개입할 수는 없었나 하는 의문이 들 때가 있다. 번역의 정확성 때문이었다면 그때만큼은 조금 누그러뜨려서라도 말이다. 그런 상상을 해본다.

상상에 관한 조금은 다른 이야기. 언젠가 한번은 교정을 맡은 책의 전(全) 문장을 하나하나 다 바꿔가다가 갑자기 이런 생각이 들었다. '이 정도면 작가 이름이 들어가는 자리에 내 이름이 들어가야 하는 거 아닌가? 교정자가 아니라…'

물론 아무도 내게 "모든 문장을 다 바꿔달라"라고 부탁하지 않았다. 나 역시 시작할 땐 그런 작업이 될 줄 몰랐다. 그저 어색한 문장을 하나하나 고치다 보니, 그게 모든 문장이었던 것뿐이다. 누차 말했듯 어떤 작업은 분명 교정 이상의 작업이지만, 때론 '교정'이라는 동일한 지칭 아래 행해진다. 그때, 누군가가 책을 썼다는 사실만으로 '작가'

라고 불리는 일이 온당한 일일까를 처음으로 고민하게 됐다.

이후에 또 전혀 다른 분의 책을 교정할 일이 있었는데, 그분은 출판 지망생들에게 대놓고 "너무 문장까지 잘 쓰려고 하지 말라, 출판사에 맡기면 담당 교정자가 있는데 왜 작가가 그런 책임까지 지려 하느냐, 그건 어리석은 일이다, 전문가가 괜히 있는 게 아니다, 누구보다 잘하니 일단 쓰고 맡기면 된다"라는 내용의 팁을 건네서 그분이 현명한 건지 내가 어리석은 건지 헷갈리기도 했다.

사람들은 흔히 '작가' 하면 "(여러 유형의) 예술품을 창작하는 사람"이라는 사전적 의미와는 전혀 상관없이 '글을 잘 쓰는 사람', '글 쓰는 기술이 뛰어난 사람'으로 오인한다. 이 일을 몇 년간 하며 그럼 <u>글은 잘 쓰지 못하는 작가</u>는 다른 무엇으로 부를 수 있을지에 대해서 반문해 봤다. 농담처럼 '초안 작성자', '글쓴이' 정도가 떠올랐다.

'작가'가 한 사람 앞에 붙는 대단한 사회적 수식어의 하나여서 엄정하게 따져서 지칭하자는 말이 아니라, 단어가 지닌 사회적 의미와 이미지와는 결이 맞지 않는 작가도 많다는 얘기다. 내 역할상 고치지 않으면 읽기 불가능한, 의식의 흐름을 토대로 쓰인 원고들도 적지 않게 보는 탓이다.

＊

 희한하게 갖은 예술의 영역 중 그림을 못 그리거나 노래를 못 부르는 일은 별로 부끄럽다고 여기지도 않고 대행의 영역도 잘 없는데, 글만큼은 다른 사람의 노동으로 **완전히** 새롭게 변화한 경우에도 자신이 쓴 것처럼 포장되는 일이 보편적이며 당연한 풍토가 존재한다. 독자에게 온전히 자신이 쓴 글로 보이는 일에 대한 어색함, 새로 태어난 글에 대한 겸연쩍음이 안 보인다.＊ 전후 차이조차 잘 느낄 수 없을 만큼 글에 무심해서일까? 왜 글만큼은 다른 사람이 전면을 새로이 쓰거나 다듬어 준 경우에도 자신이 쓴 것처럼 보여야만 할까?

 다시 주제인 번역으로 돌아가, 가끔 의뢰받았던 번역서 윤문의 경우에도 우리글 번역자가 외국어에는 능통하지만 우리말을 다루는 능력이 부족하면 처음부터 끝까지 직역으로만 채워진, 능동적인 개입이 일절 없어 자연스러운 독서가 불가능한 원고를 만나기도 한다. 애초에 그 직역의 지나친 비유연함 때문에 윤문을 맡겨 온 것이다.
 그럴 때 나는 외국어 지식이 없지만, 원어가 영어일 경우에는 그래도 원문과 비교해 보며 최대한 매끄러움에 중점을 두고 과한 개입은

＊ 당연히 모든 사람이 그렇지는 않다. 인상 깊었던 리라이팅 작업 중, 부족한 글을 잘 다듬어 주었다며 에필로그에 직접 나의 이름을 언급하고 싶다던 분이 계셨다.

자제하며 윤문을 진행한다. 내 모국어 감각에 직역이 아무리 어색하더라도 원어와 원문을 정확하게는 이해하지 못하는 상태에서 또 과한 의역을 하면 안 되므로, 원문과 번역문을 아무리 대조해도 내 능력으로 양쪽 다 해석하기 어려울 때는 직접 고치기보다는 수정을 제안하는 방식이다. 가장 이상적인 건 역시 번역자가 또 다른 '우리말 작가'로서 윤문자의 위치를 겸하는 일일 테고 말이다.

*

책 표지 위, 작가 이름 옆에 나란히 쓰인 번역자(옮긴이)의 이름을 바라보다 어느 날 혼자 문득 이런 상상을 해봤다.

'만약에 표지에 고친 이(윤문자)로 내 이름이 함께 실린다면, 그건 어떤 기분일까?' 하고.

15. 사랑하는 자는 은둔하지 않는다

'글 쓰는 사람', '글 다루는 사람' 하면 떠오르는 특성에는 몇몇 전통적인 이미지가 있다.

1. 혼자 생각하는 걸 좋아한다.
2. 나서서 하는 활동, 강한 자기주장보다는 조용한 활동을 선호한다.
3. 주목받지 않고 독립된 작업환경을 편해한다.

요약하면 대개 독립된 채 지내고 작업하기를 선호하는 속성을 그린다는 것이다. 일의 특성상 한 흐름을 지녔거나 지녀야 할 원고에 장시간 집중해야 하기도 하고, 글이란 사회적 매개의 특성 자체가 쓰는 것도, 읽는 것도, 기본적으로 소리가 없어 묵묵하므로 그 글과 오래 함께하다 보면 자연스레 정적으로 보내는 시간이 많아지고, 정적임이 몸에 입기 쉽다. 사실 본유로 그러한 사람이기에 이 일에 흥미를 느끼고 선택해 시작했을 것이다. 나도 아르바이트를 포함해 여러 업종을 접해봤지만, 출판계 사람들은 섬세하며 나긋나긋했다. 계속 글과 함께 시간을 보내려면 확실히 성향도 꼼꼼하고 민감하며 정확해야 한다. 조용함을 못 견디지는 않는, 혼자서도 깊은 궁리를 통해 업무를 끌어가는 사람에게 적합한 직업이라고 볼 수 있다.

또한 글을 다루는 대부분의 편집자는 작가 뒤에 서 있다. 근래는 SNS로 독자와 적극 소통하는 편집자들도 많지만, 책에서는 전면에 나서기보다 작가와 책 뒤에서 더 극적으로 일하는 존재. 예로 길을 지나가는 사람에게 유명 디자이너, 마케터, 작가, CF 감독, 헤어디자이너를 꼽으라면 드문드문 떠오르는 국내 대표 이름 하나쯤은 있을 테지만, 출판편집자 나아가 교정자, 윤문자, 북디자이너 중에 아는 이름을 이야기해 보라면 같은 출판업 관계자나 이 분야에 관심도가 높은 독자가 아닌 이상 다수가 답하지 못할 것이다. 모든 판권면에 편집자의 이름이 실리기는 하지만 원고의 최종 체크, 함께 확인했음을 담보한다는 총괄자의 향기 정도만 풍기며 글은 전적으로 작가의 산물로 느껴지는 탓이다.

물론 나 역시 편집자로서는 글 뒤에, 작가와 저자 뒤에 숨어 있다. 그러나 숨어 있는 **역할**이 조용히 침묵한 채 은신하듯 지내는 일이라고는 생각하지 않는다. 앞선 잘된 번역의 상황처럼, 진정한 편집자의 경우에 더할 나위 없이 열심히, 더 열정적으로 감쪽같이 **드러나지 않음**이 오히려 잘된 역할의 척도가 되는 셈이다. 그만큼 좋은 기획과 문장으로 책이 완성됐다는 증거이니까.

어떻게 보면 어떤 경우에 숨는 것은 선택하는 것이 아니라 애초에 그렇게 부여된 자리다. 그게 무슨 자리냐 하면, 사랑을 하는 자리다.

*

다음은 페르난두 페소아의 시집 <시는 내가 홀로 있는 방식>의 1부 '알베르투 카에이루(ALBERTO CAEIRO)*'에 나오는 시 「양 떼를

---

* 페르난두 페소아(Fernando Pessoa, 1888~1935)는 포르투갈의 모더니즘에 앞장선 시인으로, 70개가 넘는 이명(異名)과 문학적 인물들을 창조해 글을 쓴 것으로 유명하다. 시집 1부는 페소아의 대표 이명인 '알베르투 카에이루'가 쓴 글들을 모은 파트다. 페소아는 창작자의 방법론으로써 '진실성의 **직접적** 추구로는 반대로 진실성에 도달하기 어렵다'라는 태도를 견지했다. 이 말을 풀어보자면 진실하고자 하면 오직 '내가 의식하는' 내가 될 뿐이나, 진실하고자 하는 의지를 모두 놓아버리면 나 외의 다수(이명=나)이며, 그 부분들로 각자가 곧 전체이자 진실이 될 수 있기 때문일까.

지키는 사람」을 읽고, 그 일부에서 얻은 관찰이다.

페소아는 이 시에서 금잔화를 "보았으므로" 믿는다고 이야기한다. 이 시에서 '본다'는 것은 무척 중요한 감각이다. 우리는 무언가를 보았다면 이후 '생각'하는 것을 한 차원 높은 사고의 단계로, 사고되지 않는 생각은 휘발되거나 깊이가 없는 감각인 것으로 치부하지만 카에이루에 의하면 그렇지 않다.

페소아의 대표 분신인 카에이루는 "보았으므로 (존재한다는 걸) 믿는다"라고 이야기한다. 그에게 **보는 것은 곧 믿는 것**이며, 별도의 생각을 필요로 하지 않는다. 오히려 **생각할수록 진짜 진실에서 멀어지기만 하므로*** 진실로 무언가를 이해하고자 한다면 생각하지 않아야 한다.**

---

* 시의 '2'(13~15행)에서 얻은 개인적인 관찰을 서술했다. (민음사, 15~16p)
** 페소아는 1934년 「폴록에서 온 남자」라는 산문을 썼다. 이는 시인 새뮤얼 콜리지가 시 「쿠빌라이 칸」을 쓸 때 실제로 겪은, 예고 없이 "사업차 온" 불청객 탓에 글쓰기에 방해를 받았고, 이 때문에 시가 미완성되었다는 유명 일화에서 왔다. 페소아는 창작을 방해한 이 불청객에 해석을 더한다. 바로 "**실제로** 그 누군가 우리를 찾아오지 않더라도, 그 남자는 온다"라는 것이다. 그가 방해자인 듯하지만 우리 자신이기도 해서다. 즉 페소아의 해석을 참고하면, 간섭은 바깥 세계가 아닌 언제나 우리 내부에서, 우리 자신을 온전히 이해하려는 행위, 진실성의 직접적 추구 등에서 찾아오므로, 우리가 우리 스스로를 방해하는 자다. '생각하는 행위' 역시 우리를 방해한다. 생각을 통해 이해에 도달하는 것이 아니라 오히려 이해로부터 멀어진다. 진짜 '나(또 다른 이명)'에 다름없는 의문의 방문자를 차단하고 생각을 더함으로써 '가짜 나'가 덧대지며, 진정한 이해에서 가짜 이해로 멀어지는 길이 된다.

그렇게 그는 '눈에 보이는 것을 따라가기만' 한다. 그런데 여기서 생각하지 말라는 말이 이야기하지조차 말라는 말은 아니다. 그는 끊임없이 보이는 것에 관해 이야기한다. 그리고 그것으로 본질적으로 존재하는 자신이 드러난다.

우리는 흔히 무언가를 이야기할 때, 그 주제나 대상에 대해, 혹은 나의 감정에 대해, 명확히 모르면 이야기하기 어렵다거나 또 섣불리 해선 안 된다고 생각하는 경향이 있다. 하지만 우리가 존재한다는 것은 동시에 무엇인가에 관해 '**이야기할 수 있다**'라는 지점을 뜻하기도 한다. 우리가 살아 있음으로 <u>무언가를 보는</u> 사람이기 때문이다.

그러므로 우리가 무언가에 관해 **이야기**한다면, 그건 그것이 '무엇인지', 왜 지금 우리의 '눈에 들어왔는지' 결코 **알아서**가 아니다. 이해해서는 더욱 아니다. 이해는 추후에 덧붙는 해석이다. 다만, 존재하는 여럿 중 **어떤 걸** 보았기 때문이다. 그것이 하필 '지금' 눈에 밟혔고, 하필 '눈'에 들어왔기 때문이다. 하지만 그렇다고 '왜 하필', '그것'이, 지금 '내 눈에 밟혔는지' 따로 깊이 생각하지 않는다. 생각해 봤자 알 수 없어서다. 특히 사랑이란 감정에 있어서는 더욱더 그러하다.[*] **생각할수록 오역된다.**

---

[*] 시의 '2'(20~22행)에서 얻은 개인적인 관찰을 서술했다. (민음사, 17p)

그리하여 페소아, 카에이루는 보고, 쓸 뿐이다. 자신을 포함해 진짜 존재하는 것을 존재하는 그 자체로 오해 없이 보려면 생각하지 않아야 하기에. 안타깝게도 인간이 부여한 이름이나 관념이 생각에 들어오는 순간 모든 것은 곡해된다. 이는 물이 가득 찬 강물에 물 한 컵을 추가하거나 빼내는 일처럼 어리석다. 강물은 해석의 주체인 나와 관계없이 그 자체로 존재하는 대상이기 때문이다.* 생각을 통해 무언가를 더하거나 빼내려는 순간, 강물은 변질된다.

*

이 카에이루의 모습처럼 우리는 보이는 것, 왠지 모르게 눈에 밟히기 시작하는 것을 따라가면서 **응시**한다. 우리는 무엇인지 모르기 때문에 **계속해서 이야기**한다. '뭐지? 뭘까?' 하며. 왜 사랑하는지도 **모른 채** 계속 들여다본다. 연속성을 지닌 채. 왜냐하면 바로 그것이 **눈에 밟히도록 태어났**으니까. 우리는 모르지만, **모르는** 상태에서도 **어리석게**도 계속해서 **생각**하며 의미를 **추가**한다. 필연적으로.

---

* 시의 '5'(37~39행)에서 얻은 개인적인 관찰을 서술했다. (민음사, 23p)

여기에 독서라는 행위를 이입해 보면, 독서는 독자가 작가의 글과 이야기를 통해 자신과 세계에 대한 관찰을 한 번 더 다각도로 수행하며 사고를 연이어서 확장하는 일처럼도 보이지만, 한편으로는 그저 누군가의 사랑을 옆에서 함께 관찰해 주고 들여다봐 주는 일이다.

시집의 제목인 "시는 내가 홀로 있는 방식"에 주목해 보자. 시 「양 떼를 지키는 사람」의 '1'에 바로 제목인 이 문구가 나오는데, 여기서 카에이루는 시인이 된다는 것이 자신의 큰 목표나 욕심이 아니며, 단지 '홀로 있는 것'이라며 시인으로 살아가는 방식이자 방법론에 대한 정의를 내린다.*

존재하는 것을 존재하는 그대로 느끼기 위해 자연스럽게 '홀로 있는 방식'을 택했더니 시인으로 불렸다. 즉, 그에게 시인이 된다는 것은 상태의 변화나 직업의 성취가 아닌 삶의 방식일 뿐이다. 그는 '알베르투 카에이루'라는 분신의 이름을 빌려 이렇게 이야기하는 것으로 들린다. "시인이 되기 위해 홀로 있는 것이 아니라, 홀로 있었더니 시인이 됐다." 이 방식을 취하면 시인이 되는 셈이다. 그리고 그가 홀로 있었던 이유는 간단하다.

사랑 때문이다.

---

* 시의 '1'(29~31행)에서 얻은 개인적인 관찰을 서술했다. (민음사, 11p)

실제 사랑하는 자는 시인처럼 홀로 끊임없이 관찰한다. 이해되지 않는 풀어진 생각들이 글을 통해 흘러나온다. 그러나 이 또한 완벽한 이해로 도달시켜 주는 것은 아니다. 또, 앞서 말했듯 생각한다는 것은 이해에서 도리어 멀어지는 길. 다시금 벽이 쌓일 뿐 가까이 다가가는 행위가 될 수 없다.*

이 반복 속에서 결국 쓰는 이는, 이 몰이해에서 벗어나 사랑에 집중하기 위해, 그 자체로 느끼기 위해, 자연스럽게 **'홀로 있는 방식'**을 선택하는 이다. 몸은 하나지만 계속해서 화자로, 혹은 편집자로 이름을 바꿔가며 이야기한다. 하지만 집중할 뿐 이해되지 않는다. 캐내려 하지도 않는다. 그러나 다른 분신의 이름을 빌려서라도 그는 은둔하지 않는다. 그의 영문을 모르는 사랑은 예상치 못한 곳, 곧 글의 여기저기에서 붉게 터져 나온다.

---

* 생각할수록 부분을 전체로 '착각하는 내'가 될 뿐이니 내 사랑과 내 사랑의 대상에 대한 이해의 폭 역시도 넓어지는 것은 아니다. 반대로 오직 '나'로 강화된다. 생각을 통해 '나'를 강화한다. 나 외의 세계가 아닌, 나 외의 세계를 포함한 나도 아닌, 너도 아닌, 나도 아닌, '배제된 나'를 이해하며 무언가를 사랑한다. 말했듯 그건 '나'도 아니다. 그 밖의 것은, 이해하려 애쓰나 필연적으로 실패한다. 내가 나도 아닌 '내' 안에 갇혀 있어서다.

*

요즘 세상에서 글이란 세상이라는 한바탕의 시각적 수집이 다 끝난 후에 남은 **의지의 자**(者)들이 뒤에서 끄적이는 느린 고백이지만, 그래서 진실로 가는 출발점이며(물론 아닐 수도 있다), 이 척박한 세상에서 홀로 뱃고동을 울리며 나아가는 일처럼 시작의 용기를 필요로 한다. 홀로서기의 용기를. 때로 이 용기는 용기 자체로 가치가 된다.

돌아보니 내가 프리랜서가 되었을 때 지키고자 생각한 세 가지 원칙이 있었다. 첫째, 두려움을 없앨 것. 둘째, 자신감을 가질 것. 셋째, 진심으로 임할 것. 결과만 보면 번갈아 가면서 실패했다. 그러나 부족함을 안고 또 다른 도전으로 나아가기로 했다.

누군가의 사랑과 애정이 세상에 잘 전달되게끔 함께 들여다봐 주고 매만지고 닦는 일이지만, 타인의 사랑이 마치 나의 사랑이라도 되듯 뒤에서 **암약**하며 활개 치고 다듬어 내는 일이지만, 그 과정에는 글에 대한 나의 숨길 수 없는 사랑도 포진해 있다. 나의 외침도 포진해 있다. 울긋불긋한 사랑과 범벅된 희망이 꽃을 피우고 있다.

*

결국, 사랑하는 사람은 글을 쓴다. 홀로 글을 쓴다.
때로 대신도 쓴다. 아무도 읽지 않을 글처럼 보여도 일단은 쓴다.
특히 글쓰기는 누군가와 함께 할 수 없는 행위다. 유독 홀로 된 자만이 할 수 있는 행위. 그러나 홀로 되는 것만을 원치 않는 자만이 순도 높게 제 '사랑'에 집중하는 행위.

이것이 사랑하는 자의 은둔이라면 이는 무척, 맹렬히 은둔하는 것이다. 그 사랑은 정확히 언제가 될진 몰라도, 어떻게든 뛰쳐나온다.
그러나 어디서든 뛰쳐나오는 것은 아니다.
결국, 사랑하는 사람은 글을 쓴다.
그 사랑을 표현하기 위해 몸져누워 있다가도 일어나 쓴다.
쓰고야 만다.
그리고 그 과정에서, 가장 중요한 걸 알게 된다.
세상에 아무도 읽지 않을 글은 없다.

16. 식물성을 삼킨 동물성

 인류는 경쟁에서 살아남기 위해 자연을 포로 삼아 무한 발전을 꾀해왔고, 지금도 그 흐름 속에 있다. 미 국립설빙데이터센터에 따르면 북극의 해빙 면적은 1979~1992년 평균 685만km^2였지만, 2012년 북극의 늦여름인 9월 기준, 339만km^2로 역대 최저치를 찍었었다가 2024년 428만km^2로 회복되었다. 2012년에는 놀랍게도 절반에 가까운 약 47%가량이 사라졌다. 이 속도라면 북극의 얼음은 필연적으로 사라져 **갈** 테다. 북극의 해빙은 이미 10년마다 12%씩 사라지는 중이며, 전체 면적이 한 달 평균 100km^2 미만인 상태가 되면 이를 '얼음 없는 북극'이라 부른다. 머지않은 미래에는 북극에서 사시사철 항해하는 일도 가능할지 모른다. '얼음은 없다.'

많은 환경전문가는 이번 세기 **예정된 것처럼** 지구의 평균온도가 3~4도 오르면 지난 300만 년간 인류가 겪어본 유례가 없는 환경이 도래한다고 경고한다. 그러나 인류는 이미 탑승한 문명기차의 속도를 늦출 수 없다. 다 같이 한날한시에 기차에서 걸어 내려가기로 약속한다면 모를까(솔직히 이 약속도 믿을 수 없다), 혼자서 대의를 추구한다며 내렸다가는 **혼자** 손해 보는 일을 피할 수 없어서다. (그러나 지금 걸어 내려오지 않는다면 다 같이 뛰어내려야 할지도 모른다. 기차의 속도를 늦추자는 말은 조금의 경각심도 주지 못한다. 지금까지의 노력으로 보면 그러하다.) 그만큼 지금 기차에서 내리는 일이란, 기차가 각 정거장에 멈춰 설 때마다 목적지를 확인하고 필요에 맞춰 내리는 일이 아니라, 시속 300km로 달리는 열차에서 혼자 중간에 뛰어내리는 일처럼 큰 손해를 감수하는 행위로 느껴진다.

사람들은 일상에서 환경을 생각하는 방향으로 크게 행동을 전향하지 못할 뿐, 지금 딱히 손해를 따져서 행동하고 있는 건 아니라고 이야기할지 모른다. 그러나 요즘 세상에서는, 유행이나 속세에서 뒤처지는 것, 즐거움을 포기하는 것 자체가 위협을 느끼는 손해의 요인이 된다. 정보가 쏟아진다는 측면에서 일방향으로 유통되는 세상에서 정보를 섭취하지 않고 실천(소비)하지도 않겠다는 건, 생존을 거는 행위나 마찬가지다. 정보는 그토록 위협적이다. 일방향적 유통의 옳고 그름은 깊은 논의의 대상이 못 된다. 당장 오늘 알아야 할 정보가 쏟아지기 때문이다. 오늘내일의 목숨을 잘 보전할지 여부도 미지수라 덤프트럭에서 쏟아지는 정보를 섭취하며 함께 달린다. 정보세계에서 사람은 적극적 '유통자'의 역할을 하고 산업은 식을 수 없다.

물론 사람들이 먹고살기 위해서는 나라 경제의 바퀴가 돌아가야 한다. 이제는 경제적 역량을 어떻게 친환경적인 메커니즘으로 전면 전환해 돈벌이의 시스템을 재창조할지에 모든 세계의 합심, 인재 기용, 창조적 역량이 투여되어야 하는 시점이다.

만약 지구 평균온도가 지금보다 3~4도 더 오른다면, 대부분의 지역은 고온과 가뭄으로 사람이 살아가기 힘든 땅으로 변모하며, 농지 역시 타격을 받아 당연하게도 식량 공급에 문제가 발생한다. 아무리 인간의 목숨이 원체 유한하다고는 하더라도, 모든 미래인류가 일시에 위기에 처하는 방식으로 생명이 끝맺음 지어진다면 이는 온전한 일일까를 가끔 멈춰서 생각한다. 생물학자 최재천 교수가 말했듯이, "당장 먹을 음식이 눈앞에 없다면 우리는 이웃 국가가 아닌 벽을 맞댄 이웃집, 옆집에 먹을 것을 구하러 쳐들어갈 것"이다. 이 말은 너무도 자명해서 오히려 하나도 무섭지가 않다.

*

　일방적으로 '받기만 하는 사랑'은 주는 쪽의 고갈로 끝나기 마련이라고 앞에서도 이야기했었다. 마음의 고갈뿐 아니라 환경의 고갈, 질량의 고갈로 줄 수 없어진다. 물리적으로. 지금까지는 우리는 주지 않아도 자연이 우리에게 특혜를 주었다면, 지금부터는 우리가 돌려주는 만큼만 딱 정량화되어 기록돼, 진심이 인정돼, 덜 나빠질 수 있다. 더 좋아지는 것이 아니라 '덜 나빠'질 수만 있다.

　내 관심사 탓에 환경이나 사회 문제가 주제인 방송은 기회가 닿으면 보는 편인데, 보는 빈도가 다른 사람보다 높다 보니 어떨 때는 현기증이 날 만큼 삶에 대한 긍정적인 의지와 시각을 잃기도 한다.
　하루는 또 다른 글을 쓰고자 주제를 구상하고 사전연재 의지를 고양시키던 때다. 아침에 눈뜨자마자 전날 다큐에서 본 전기가 부족해 얕은 저녁부터 잠들기 전까지 까만 어둠 속에 대가족이 하얀 눈을 껌뻑이며 둘러앉아 있는 일밖에는 가능한 행위가 **아무것도 없는** 나라의 아이들 모습이 떠올라 괜히 화가 나 죽을 것 같았다. 세상을 해석하고 받아들일 수 없어서였다.
　그들에게 찾아가는 것과 동일한 까만 어둠, 까만 자연이 찾아온 전날 밤에, 자연의 명령으로 새까맸던 그 밤에, 사실은 전날만이 아닌 매일 밤에, 나는 어둠 속에서 방에 스탠드를 세 개나 켜두고 좋아하는 책을 읽고 음악을 들어가며 동시에 글을 썼다.

나는 또 발전했다.

늘 그렇게 느끼며 하루를 마무리했고, 밝고 뿌듯한 아침을 맞이해왔다. 이번 생 내내. 그것이 이 나라에 사는 우리의 평균적 삶이었다. 우리 나름으로는 우리 안의 수준, 기준과 그로 인한 경쟁으로 피폐해져 있지만 어쨌든 진정한 의미의 '빈익빈 부익부'란 바로 이러한 상황을 포괄하는 것이 아닐까. 세계화시대라며 앞선 것만 흡수하려 갈구하지, 빼앗기고 착취당하는 한편은 돌보지 않는다. 돌아보는 순간, 우리가 그들이 될지도 모르기 때문이다. 그게 아니라면 매우 덥지도 춥지도 않고, 얼마 전까지만 해도 또렷한 사계절이 존재해 살기에 온건한 이 지역, 이 나라에 태어난 것이 온전한 우리의 운이기 때문이다.

우리에게 절실히 필요해서, 없으면 안 돼서, 소유하거나 누리는 것은 진정 얼마나 될까? 당장 가방 안과 집 안, 주변을 둘러보자. 우리는 늘 현재 생활반경 내의 계급을 논하지만, 우리의 국가 자체가 어쩌면 우리의 부인 것은 아닐까. 깊이 응시하기 시작하면 생각이 전복된다. 이 불공평함은 대체 어떻게 해결할 수 있을까.

'열심히 살아야지' 등을 곧추세우며 계획을 궁리하다가도 나 또한 나의 사사로움과 글을 쓰며 먹고살고 싶다는 나의 영리를 위해 책을 낼 생각을 함을 돌아보면, 역시 이 방향이 인류의 정해진 끝 같아 내게 모순감을 느낀다. 가끔 생각이 극에 달해 발끝까지 세상이 이해되지 않을 때면 차라리 불교의 윤회사상을 적극 믿는 편이 심신 안정 및 현실 편입에 도움이 된다.

'지금은 이곳에 있지만, 다음에는 저곳에 있을 것이다.'
'지금 많이 가졌다고 애써 가진 걸 억울해할 필요는 없다. 결국 모든 것은 돌아가고, 또 돌아온다.'

*

갑자기 웬 환경 이야기를 늘어놓는지 고개가 갸우뚱하겠지만, 책이란 하나의 자연으로 종이, 필연적으로 나무라는 생물을 벌목해야만 생산되는 재화다. 그러므로 책을 만드는 일이 업이 될 때는 글쓴이든, 편집자든, 북디자이너든, '내가 하는 일이 정말 세상에 필요한 일인가', '자연을 훼손하면서까지 가치 있는 일을 하고 있는가'에 대한 우려가 한 번쯤은 베갯잇에 찾아와 깃들기 마련이다. 이는 나의 경우,

직접 나의 글로 책을 짓는 일에 대한 아주 실리적인 부담과 맞닿아 있다. 한 권의 책을 수많은 나뭇잎들의 역사로 이해한 한 시인의 문장*을 읽었을 때 눈에 선하게 남은 것도 바로 이러한 감정 때문이다.

몇 년 전, 북디자이너가 직업과 관련된 에피소드(사실상 애로사항에 가까운)를 웹툰으로 엮어 만든 독립출판물을 펀딩에 참여해 구매했었다. 크기가 한 손바닥에 딱 들어맞는, 글은 거의 없는 작은 만화책이라 잠깐 버스를 타고 이동하며 다 읽었는데, 그중 「디자이너는 언제 죽는가」라는 작은 주제 아래 이런 자답(自答)이 나온다.

"왜 만드나 싶을 때?"
- 나무야 미안해!

여기서 "왜 만드나 싶을 때"란 아마 (내가 작업을 하고는 있지만) 머릿속으로는 '이런 책은 왜 만드나' 싶은 생각이 들 때일 테다. 이걸 읽고 버스에서 빵 터졌는데, 그 며칠 전 다른 북디자이너와 함께한 식

---

* 사이토 마리코의 <단 한 송이의 눈>에 실린 시 「광합성」을 말한다. (봄날의 책, 34p) 또, "Inter Folia Fructus"라는 문구를 좋아한다. 뜻은, 잎새들 사이의 과실. 책 한 장 한 장이 잎새이며 그 안에 과실이 들어차 있다는 뜻이다.

사 자리에서 내가 "가끔 나무한테 너무 못할 짓을 한다는 생각이 든다"라고 열성을 다해 토했기 때문이다. 이 외에도 북디자이너끼리 만나면 가끔 나누는 우스갯소리에는 "클라이언트가 수정해 달라는 대로 다 반영해 주다 보면 내 포트폴리오에 넣을 디자인은 하나도 없다"가 있다. 이를테면, '이번 작업도 내 포트폴리오에서는 탈락!'이랄까….

*

만약 나에게 동물성을 지닌 단어를 고르라고 한다면 나는 '**있다**(be, exist)'와 '**가지다**(have)'를 고를 것이다. 한국인들이 문장 안에 빈번하게 쓰는, 특히 '있다'는 문장을 쉽게 완성하기 위해 큰 고려 없이 넣는 대표적인 단어가 아닐까 생각하는데, 둘 다 넓은 의미에서 '존재의 소유, 존재함'을 의미한다.

문장에 '있다'를 쓰는 예시는 지어내기도 너무 쉽다. 보조동사로 쓰인 예를 들면 "떠나는 장면이다"라고 써도 될 것을 "떠나고 있는 장면이다"라고 쓰거나 "문제를 설명하고 있는 중이었다"처럼 '중이다'에 이미 현재진행의 의미가 내포됨에도 의미를 중복해 '있다'를 더해 쓰는 방식이다. 형용사 예시로는 "물이 차오른 상태였다"라고 써도 되는 문장을 "물이 차올라 있는 상태였다"라고 그 '있음'과 '존재함'을 강조하여 쓰는 식이다. "마실 물이 있다"를 "마실 수 있는 물이 있다"라고 물론 용법이 다르긴 하지만 한 문장에 두 번 넣어 쓰는 경우도 참 많다. 당연히 '있다'를 통해 표현하거나 강조하려는 의미가 있다면 써야 한다. 예시의 '~할 수 있다'처럼 가능성을 의미하는 뜻으로 쓰고자 하는 자리엔 쓰면 된다. 그러나 절제하는 법을 고려하고 의심할 줄 몰라 과도하게 쓸 때가 압도적으로 더 많다.

  실제 대부분의 문장은 위 사례들처럼 '있다'를 넣은 버전으로 바꾸기가 어렵지 않은데, 이를 역으로 생각하면 '있다'에 대체 불가능한, 아주 특별한 **의미가 없을 때도 많다**는 뜻과도 상통한다. 대부분의 문장에 **일부러** 집어넣어도 어색하지 않다면, 반대로 대부분의 경우엔 없더라도 딱히 큰 문제는 안 되는 요소라는 뜻이 아닌가. 말인즉 '적절한 경우에 적절한 빈도로 써야 한다'라는 뜻인데, 대개는 문장을 쓸 때 자동반사처럼 들고 나타나 아무 의미도 없이 앞의 상태, 행위와 한 세트인 듯 사용하곤 한다.

  나의 경우 '있다'를 써서 문장의 맛이 좋거나 '있다'에 의미가 존재해 제거할 수 없다면 남겨두고, 아니면 퇴고 시 삭제하거나 고민해 다른 표현으로 대체한다.

나 역시 초고에는 무의식중 생각보다 '있다'를 많이 넣어 쓴다. 괜찮다. 건축으로 치면 마감이 덜 된 것이다. 특히 분량을 채우기 위해 일단 '내리 쓰는 일'을 목표로 할 때는 모든 문장에 심혈을 기울이긴 힘드므로 더 그렇다. 그런데 한편으로는 '있다'를 없애면 문장이 훨씬 말끔해지고, 전달하거나 묘사하려는 내용도 직관적으로 가닿는데, 왜 이렇게나 무엇이 '있다'고 표현하는 상태를 우리가 선호하는 것인지 나조차 궁금증이 인다.

우리는 왜 이렇게 글에서조차 무엇이 '있는' 상태를 선호하는 것일까? 나 자신의 지속이나 어떤 사물이 존재한다는 상태와 그 사실을 왜 은연중 강조하고 싶어 할까?

- "떠나고 있는 장면이다."
- "문제를 설명하고 있는 중이었다."
- "물이 차올라 있는 상태였다."
- "마실 수 있는 물이 있다."

이미 '떠나다', '설명하다', '차오르다'라는 동사만으로 무언가(여기서는 행위의 주체인 사람과 물이라는 물질) 있는(be), 존재하고 행하는 상태임에도 불구하고, 왜 다시 한번 '있다'라고 짚어 고지하지 않고서는 자연스러운 글이 아니라고 느끼는 것일까? 또 "마실 물이 있는" 것이 "마실 수 있는 물이 있는" 것임에도 왜 마실 수 '있는', 그것이 '가능한' 물이 있음을, 그 상태의 소유를 힘주어 강조할까?

내 생각에는 학교에서 영어를 배울 때 현재분사 표현인 'be+동사-ing'를 '~하고 있다'로, '-ing'를 '~하고 있는'으로 구조화해 외운 것도 작은 영향의 하나가 아닐까 싶다. 하나의 입버릇이 된 것이다. 현재진행의 의미를 꼭 우리말로 '하고 있는'이라고 표현해야만 자연스러운 문법을 구사한다고 느끼게 된 것이다. 실제로는 그렇지 않다.

*

'있다'는 불필요하게 쓰이는 경우가 워낙 많아서 빼가며 전후를 비교해 보면 글쓰기 훈련에도 큰 도움이 된다. 나는 글쓰기가 어렵고 무엇이 좋은 문장인지 모르겠다고 말하는 사람들에게 그렇다면 먼저 '있다, 되다, 것이다(있/되/것)'를 절제하는 글을 써보라고 이야기한다. 당연히 처음부터 좋은 문장을 쓰겠다며 안 쓰려고 하면 힘들고, 가뜩이나 글쓰기가 친숙하지 않은 상태에서 문장을 연이어 쓰기도 빡빡하다. 일단 평소 쓰던 대로 자유롭고 편안하게 긴 글을 써본 다음, 퇴고 시 삭제하며 비교해 보길 권한다.

이 작업을 통해 사람들이 글을 쓸 때 많이 의존하지만 대체로는 문장에서 불필요한 '있, 되, 것'을 얼마나 많이 사용하는지, 스스로 정말 필요한 곳에 용도를 지니고 썼는지를 '눈으로' 직접 확인해 볼 수 있다. 무조건 없애야 맞다는 뜻이 아니다. 글을 잘 못 다루는 사람일수록 '있다'에 의지해 문장을 길게 늘어뜨리거나 표현을 여러 방향에서 고민하며 더 정교하게 다듬을 기회를 잃어버리기에 권고한다. 전후를 비교하여 필요한 경우라면 남기면 된다.

단지 이 작업만으로 문장이 깔끔해짐은 물론, 무의식적으로 쓰는 좋지 못한 쓰기 습관이 얼마나 많은지 인식할 계기가 되기에 충분하다. 간단히 말하면, "없으면 안 되는 줄 알았지만 없어도 충분하다". 통속적으로 쓰이는 표현을 없애려는 과정, 그 고민 속에서 비로소 언어에 대한 다양한 탐구가 가능해진다.

그렇다면 '**가지다**'는 어떨까?

내가 실제로 고쳤던 문장 하나를 예시로 들어보겠다.

[예시]
연필의 굵기를 다양화해서 사람이 저마다 가진 취향에 맞게 고르게 했습니다.

[예시 (수정)]

연필의 굵기를 다양화해서 사람이 저마다 지닌 취향에 맞게 고르게 했습니다.

'있음(be)'이나 '가짐(have)'의 상태는 '소유'의 상태다. 어떤 대상, 사람이나 사물이 명확히 '존재함'을 표현하고 싶어 하는, 자리이자 몫의 확보에 대한 무의식적 의지이자 갈망이다. 본능일지 모른다. 절제되어야 할. 그런데 위 예시에서 연필 제작 시 고려했다는 연필의 굵기를 택하게 하는 '취향'은, 어떤 사물을 갖고 말고의 진짜 '소유'의 문제는 아니라는 생각이 들었다. '가지다'라는 표현이 어색하게 느껴졌다.

문장을 잘 읽어보면, 연필을 만들 때 사용자 한 사람, 한 사람의 본유한 특징을 더 아껴 고려해 굵기를 다양화했다는 의미이므로, 여기서 취향이란 본원적인 뜻에서 사람들이 갖는 것이 아니라 '지니는' 것이 옳은 영역이라고 생각했다. 그래서 '가지다'를 '지니다'로 수정했다. 물론 '가지다'와 '지니다'가 모두 잘 어울리는 문장도 있다.

[예시]
① 지희의 행동에 대해 의문을 가진 채 생활했다.
② 지희의 행동에 대해 의문을 지닌 채 생활했다.

문장을 읽어보면 어떤 사항에 대한 의문이 생겨난 상황으로 본래적으로 '지닐' 수는 없는 성질이다. 그래서 '① 가지다'를 쓰는 것이 더 좋겠다고 생각했다. 실제 '가지다'의 사전적 의미에는 "생각, 태도, 사상 따위를 마음에 품다"가 있다. 그러나 '지니다'에 "기억하여 잊지 않고 새기다"라는 뜻도 있으므로 ②도 어색하지는 않은 문장이다.

계속 강조하듯 무엇이 유일한 정답이라기보다는 문맥에 맞춰 문장과 단어의 뜻을 고민하고 선택하는 일이 중요한 이유, 그 과정에서 일어나는 다양한 사고(思考)가 글 쓰는 일의 본질과 얼마큼 맞닿아 있는지를 이야기하고 싶었다. 단어 하나를 쓸 때도 한 번 더 고민해 **의미를 넣어** 선택하고, 이 행동이 반복이자 습관이 되면, 더 좋은 문장은 물론 분명 자신만의 글을 쓸 수 있다.

*

2013년 유엔 발표 보고서에 따르면 전 세계 온실가스 배출량 중 축산업이 차지한 비중은 14.5%(2005)로, 전 세계 교통수단이 배출한 양보다 더 많은 온실가스를 배출했다. 한편, 전 세계 담수량의 70%는 농업용수로 쓰이는데 그중 많게는 절반이 육류 생산에 쓰인다. 소한 마리는 연평균 물 4만 1,600L를 소비한다. 맑은 담수가 이렇게 쓰이는 반면, 오염된 물로 인한 질병으로 목숨을 잃는 사람은 매해 대략 140만 명에 달한다. 생존의 필수 품목인 물 섭취에 있어서는 적어도 사람보다 소가 더 귀한 대접을 받는다. 잘사는 나라의 국민은 한 입 행복의 밑에 깔린 세상의 불균형에 대해서는 잘 생각하지 않는다.

세계 곡물 생산량의 대부분이 가축의 먹이로 쓰이는 것도 같은 구조다. 통계마다 수치는 조금씩 다르지만 대략 33~45%가량이다. 미국은 생산 곡물의 약 60%를 가축의 먹이로 쓴다는 연구 결과도 나왔다. 이를 반영하듯 미국의 식품 생산용 땅 중 70%는 무려 사람이 아닌 '소의 먹이'를 기르는 땅이다.

우리가 이렇게까지 정성 들여 소를 키우기 때문에 빈곤한 나라의 사람들이 끼니도 못 때우고 죽어가는 것은 아니지만, 우리가 소를 기르는 데 모든 정성을 다하는 동안 빈곤한 사람들이 죽어가는 것은 맞다. 인류에겐 이 구조를 바로잡아 해결하고 다른 인류를 보살필 능력과 두뇌가 있지만, 여력이 없는 척하는 것뿐이다. '세상에 공짜는 없다'란 말처럼, <u>상대적</u>*으로 저렴한 비용으로 많은 것을 누린다는 말은 그만큼 동시에 우리가 무엇인가를 <u>획기적</u>으로 훼손한다거

---

* 여기, 상대(相對)가 있다. 누군가 있다. 우리는 마주 보고 있는 대상들이다. 그들을 봐야 한다.

나 훔치고 있다는 말과도 동일하다. 저렴한 가격으로 공급되는 식품과 생필품의 이면에는 낮은 가격에 빠르게 재화를 공급하기 위해 필연적으로 희생되는 자연인이 있다. 자연과 사람과 원주민이 있다. 구조의 착취가 존재한다.

2011년 암스테르담대학교와 옥스퍼드대학교가 발표한 연구에 따르면, 배양육(동물 세포를 배양하여 만든 식용 고기) 생산은 가축 육류 생산보다 에너지의 45%, 토지의 99%, 물의 96%를 덜 소모한다. 그러므로 미국의 육류 산업이 배양육 산업으로 대체되면 차량 2,300만 대가 내뿜는 온실가스가 사라지는 효과가 발생한다. 가축이 먹이를 씹을 때 나오는 메탄 분자 1개는 이산화탄소 분자 23개와 맞먹으므로, 식용 가축의 개체수를 줄이는 것은 환경 문제와 연관이 큰 정도가 아니라 직결된다.

이제 세계 시민에겐 '싸게 다양하고 많이 얻을 필요'보다 '필요한 만큼만 적게 제값으로 얻는 문화'가 더 필요한 건 아닐까? 그럼 자연스럽게 소비 규모도, 욕심도 줄 것이다. 지금의 경제는 많이 생산하고, 생산한 걸 팔아야 하기에, 많이 소비하게끔 부추기는 체제다. 선택지가 다양한 건 매력이나 덕분에 가격 경쟁이 심화되고 좋은 물건을 남보다 더 많이 가지는 것이 아니라고는 해도 더 큰 행복이나 성공의 척도가 된다. 눈에 보이는 차이를 낳아서다.

다다익선(多多益善). 돈에는 즐거움과 불안을 동시에 자아내는 마력이 있어 끊임없이 더 높은 목표를 **소비**하게 한다. (이때 목표는, 그 자체도 연쇄적으로 높아진다는 측면에서 하나의 소비의 속성을 띤다.)

이 세계의 다른 한편에서는 그 많다는, 일할 사람이 남아돈다는 생산의 **낮은 최하위 구조**에서 생산을 뒷받침할 뿐, 소비는 할 수 없어 사는 데 꼭 필요한 경제재는 합당하게 얻지 못하는 많은 사람이 살아 있고, 또 살고 있다. 그렇기 때문에 나무를 베어 책이라는 재화를 만들 때도 신중해야만 한다.

*

얼마 전 명절에 친가 식구들이 모였을 때 십여 년 만에 만난 조카가 내게 불쑥 말했다. "고모! 제가 그 소식은 들었어요. 작가가 되셨다고."

2021년에 작은 책 한 권을 냈지만 작가가 되었다는 생각은 해본 적이 없다. 그러나 사람들이 누군가가 책을 출간했다는 '사실' 하나만으로 전과 동일한 사람을 그렇게 불러주기 시작한다는 걸 나는 잘 알고 있었다. 나는 웃으며 말했다.

"작가? 누구나 될 수 있어. 그냥 책을 내고, 나 혼자 그렇게 부르기 시작하면 돼."

그 일이 사실이긴 하나 별일은 아니라는 뜻이었다. 내게 일어난 일이라기보다는 내가 직접 일으킨 일이었으므로. 내 농담을 이해했는지는 몰라도 조카가 함께 웃어 즐거웠다. 세태 비판에 가까운 농담이었지만 이 문화가 이미 하나의 '관성'이자 '사회 형식'으로 자리 잡았다고 해도, 그렇다고 책을 펴낸 일을 축하하고 작가라고 칭해주며 앞으로의 활동을 북돋아 주는 세상 사람들의 맑은 마음까지 꼬집는 것은 절대로 아니다.

무엇보다 출판은 지식을 생산하고 섭취시키는 일처럼도 여겨진다. 개인으로서는 축하와 응원을 받는 영역이고, 사회로서는 세상에 필요한 일에 대한 장려와 논의의 보급(확산)을 촉발하는 영역이다. 그래도 육류를 생산할 때처럼 자연의 훼손, 벌목을 전제로 하기 때문에 책을 만들 때는 **저 낮은 곳에 있는 것들**에 대해서도 한 번은 깊게 생각해 보기를 권한다.

책 제작에 있어 동물성은 내게는 표지 같다. 식물성은 그 안에 담긴 글이 아닐까. 바로 이 생각이 내내 말했듯 이 책을 쓰겠다는 구상의 시발이었다. 온라인 서점의 '도서 미리보기' 서비스나 오프라인 서점에서 직접 책을 펼쳐 글, 내용, 구성의 일면을 전혀 확인할 수 없는 것은 아니지만, 결국 표지와 제목에서 오는 이미지가 구매든 도서관 대여든, 책을 선택하는 데 직접적인 영향을 끼친다. 그렇기에 만드는 사람들도 집중한다. 또, 바쁜 일상에서 서점에 가서 책을 확인하고 사는 사람보다는 온라인 구매 비중이 더 높기도 하지 않은가.

*

내가 반복해 글의 낮음에 대해 이야기하는 데엔 이유가 있다. 한번은 내가 잘 모르는 산업의 실무서 윤문 작업을 진행했었다. 출판 계약을 성사시키려면 원고를 다듬어야 하는데 거기서 진행이 막힌 상태라고 하셨다. 출판사에서 글의 퀄리티를 높이는 부분까지는 책임지지 않으니 출간을 희망하면 원고를 다듬어 오는 게 좋겠다고 이야기한 모양이었다.

하여 의뢰인은 여러 작업자에게 교정 문의를 했는데 작업료가 천차만별이라 한 번, 간단한 교정만 필요하다고 생각했는데 생각보다 제시된 작업료의 평균 금액대가 높아 또 한 번 깜짝 놀랐다고 하셨다. 쓰신 원고를 보니 독자를 향한 문장들로 이루어졌다기보다는 강연 시 수강생들에게 띄우는 키워드와 개념 설명 중심의 프레젠테이션 자료 모음에 가까워서 모든 문장을 이어 한 편의 글로 새로 쓰지 않으면 안 될 정도라 출판용 원고로 보는 자체가 불가능했다. 그러나 본인이 열심을 다해 쓰고 모은 글인데 수정에 다시금 별도의 비용을 들여야 한다고 생각하니 고민이 앞서시는 모양이었다. 물론 내 입장에서는 그런 원고도 간단한 훑어보기식 교정만 거쳐서라도 내줄 출판사가 아예 없지는 않다는 걸 생각하면 사실 좀 끔찍하다.

나는 '비용의 **천차만별**'에 관해서는 작업자가 스스로 원고에 투여하는 시간을 미루어 알고 제안하는 것이니 너무 낮은 견적에 혹하지는 마시라고 말씀드렸다. 가진 예산 안에서 적정선을 택해 원하는 분과 진행하시길 권했다.

그렇게 권한 이유가 있다. 디자인 작업을 겸하다 보니 다른 작업자가 교정한 원고로도 디자인을 하는데, 한번은 한글문서에 빨간 물결로 표시되는 기본 오타조차 교정이 안 된 원고를 전달받아 빠르게 재교정한 적이 있다. 내게 교정도 같이 문의하셨다가 교정이 완료된 원고를 줄 테니 디자인만 진행해 달라고 하신 케이스였다. 원고 중간중간 단어에 색상 표시가 된 것이 누군가가 다듬기는 한 듯해서 여쭤보니 다른 작업자에게 부탁했다고 하셨다. 무슨 원칙으로 교정한 건지 모르겠을 정도로 오히려 맞춤법 검사기에 맡기는 편이 오류가 없을 수준이었다. 부자연스러운 문장도 많았는데 전혀 터치하지 않은 걸 보면, 글을 읽지 않고 눈에 띄는 몇 가지만을 수정한 것 같았다.

다시 앞선 실무서 윤문 얘기로 돌아가면, 결국 작업은 내가 하게 됐으나 한 문장 한 문장 다듬어 낼수록 이미 앞서 설명한 내용과 개념이 처음 다루는 양 또 등장하고, 한 파트로 다뤄야 할 주제들이 산산이 흩어져 있어 구성도 뒤엎어야 했다. 하루 작업해 본 후, 작업료를 높이지 않고는 작업이 불가능함을 깨달았다. 그래서 먼저 일부가 수정된 원고를 공유한 뒤, 비용 부담이 되시더라도 적합한 금액이 아니면 나 역시 진행하기가 어려움을 말씀드렸다. 안내했던 금액으로 진행했다가는 10년 전 최저시급에도 작업료가 못 미칠 판이었다. 부담이 돼 다른 작업자에게 맡기신다고 해도 어쩔 수 없었다. 이럴 때마다 글 관련해서는 대부분 작업자의 정체성이 아닌 금액이 작업 진행 여부에 큰 영향을 미친다는 점이 늘 안타깝고 답답했다.

이유는 크게 두 가지 같다. 말했듯 글은 디자인과 달라서 화려하게 과시하며 보여줄 샘플집(포트폴리오)이 없다. 그런 탓에 의뢰인이 직관적으로 "난 이 사람이 좋아!", "이 사람한테 무조건 맡겨야겠어!"

라며 강한 확신으로 선택하기 힘들다. 두 번째는 은연중 시각적으로 차이를 빚어내는 디자인이나 인테리어, 영상물과는 달리 작업의 결과물이 비슷할 거라는 생각, 어느 정도 '그 사람이 그 사람일 것'이라고 생각하는 무의식에 답이 있지는 않나 추측해 본다.

그래서 나는 진행 여부를 두고 협의를 거듭한 작업일수록 더 수정 부분을 수정 이유에 맞춰 색깔별로 꼼꼼히 체크해 전달하는데, 그 이유는 바뀐 글의 내용, 구조의 효용에 대해 비용을 치른 상대를 납득시키기 위해서다. 원고를 거의 새로 쓰는 이런 작업을 할 때면 출판사가 애초에 원고를 책임지기보다는 먼저 다듬어 오면 이후 출간해 주겠다고 말하는 이유도 이해는 간다. 수지 타산 결과, 출간 의지만 과하게 앞선 원고들을 내부에서 섬세히 다듬는 일은 남는 게 없어 진행할 수가 없기 때문이다. 그렇게 웬만한 기준으로도 쉽게 출간해 주기는 어렵더라도, 또 놓치기는 아까우므로 열린 결말로 관계를 열어두는 셈이다.

책을 주로 기획하기보다는 제작하는 출판사 입장에서 생각해 보자. 여유를 두고 마음껏 좋은 글로 고칠 정도로 정성을 투여하기에는 판매고 보장이 없다. 아무리 고쳐본들 본 원고의 낮은 퀄리티도 이 한계에 영향을 미친다. 글쓴이가 시간과 비용이 추가로 들 과정에 동의를 할지도 미지수다. 비용을 더 들여야 한다면 글쓴이 입장에서는 확실히 판매에 대한 보장도 그만큼 더 확인받길 원할 것이다. 동시에 더 저렴한 가격에 그냥 만들어 주겠다는 여러 출판사와도 **굳이** 경쟁을 해야 한다. 일단 책을 내려는 사람부터가 2~3교를 충실히 거치고 필요하다면 윤문과 리라이팅까지 더해 제대로 된 글로 책을 완성하겠다는 목표나 야망이 없다. 나는 출판사라면 '글에 대해 책임질 수 없는 책'은 만들지 않아야 한다고 생각하지만, 이미 제작에 치중된 시장이 작지 않다. 어쨌든 이 경우, 따로 다듬어 오라고 돌려보내는 것이 입장상으로는 맞다. 출판사가 결국 글을 쓴 사람과 원고에 대해 어느 정도의 거리두기를 선택하는 셈이다.

결과적으로 이는 보살핌을 받지 못한 좋지 못한 원고가 다음에 또 같은 방식으로 양산되는 결과를 낳는다. 좋지 못한 원고를 살핀 뒤 거기에 진지한 코멘트를 더하고 논의하면 글쓰기의 가치도 재고되고, 이번 시도가 어떻게 끝나든 그 사람도 다음에는 더 나은 책을 낼 양분을 얻는데 그런 자정능력을 외면하며 상실하는 셈이다.

이런 이유로 이제부터는 그저 돈을 지불할 사람이면 '작가님'이라고 부르면서 받들지 말고, 권리의 제한이 아닌 권한을 **제안**하자고 말하고 싶다.

*

그러나 인간이란, 어떤 문제가 일어나리라 백번 예상될 때조차, 문제가 발생하기 전에 방지하는 존재가 아니라 일어나면 뒤이어 해결하는 존재 같다는 씁쓸한 생각을 한다. 충분히 예상되는 비극도 당장 보이는 눈앞의 이익 너머로 제쳐두고 직시하지 않는다면, 먼 미래라 정의한 채 돌보지 않는다면, 그게 시장이든, 사회든, 땅이든, 지구든, 바다든, 그 어떤 곳이든, 혼탁해지는 일을 막을 수는 없다.

17. 작가와 편집자의 교집합, 글

길게 풀어 설명해 왔는데 결국 작가와 편집자가 만나 이루는 교집합의 좋은 결과물이 바로 책 안에 실리는 '글(내용)'이다.

- 책 = 작가와 편집자란 교집합의 좋은 결과물

당연히 책을 만드는 데는 더 많은 사람의 조력이 필요하다.

이제는 앞서 이야기한 내용과 개념을 짧게 총정리하며 글을 마무리해 볼까 한다.

* '작가'란 누구인가?

작가란 한때, 과거에 무엇인가를 '쓴 이'이기 이전에 **계속해서** '쓰는 이'다.

계속해서 쓰는 것, 혹은 당장은 쓰지 못하더라도 언젠가는 쓰고자 머릿속에서 계속 시뮬레이션하는 것, 그것이 바로 작가를 만든다. 아직 아무도 '작가'라고 불러주지 않아도 상관없다. 유배지에서 책상과 등불 하나를 두고 의자 다리와 발목이 사슬로 묶인 것처럼, 한자리에 앉아 계속 써 내려가는 사람. 그것이 작가의 속성이다.

'작가'의 사전적 의미를 찾아보면 "문학작품, 사진, 그림, 조각 따위의 예술품을 창작하는 사람"이다. 사회 내에서는 넓은 의미의 창작자를 포괄하는 통칭으로 '작가'라는 단어를 많이 쓰는데, 글쓰기에 국한해 보자면 '계속 쓰는 사람', '그 쓰는 관성을 지닌 사람'이 작가일 것이다. 그러나 글은 조금 못 쓰더라도, 작가라면 적어도 글의 퀄리티를 최우선으로 생각하고 대접해야 한다. 실력보다도 그 태도가 곧 작가 자체이며, 작가라는 자리를 만든다.

더 나은 문장을 계속해서 쓰려는 시도, 더 좋은 전달력을 지니고, 더 정교한 메시지를 전하고자, 더 필요한 주제를 던지고자, 더 좋은 은유를 전달하고자 백방으로 하는 시도, 그것이 곧 작가의 창의다.

* '글쓰기'는 무엇인가?

글쓰기는 마음을 드러내는 도구로써 글을 쓰다 보면 자신도 모르는 자신 내부의 의미들을 만날 수 있다. 나 또한 이 책을 쓰며 또 한 번 전에 한 것과 같은 경험을 했다.

프리랜서가 막 됐을 때다. 몇 개의 독립출판 원고를 교정했었다. 한 친구는 미래에 문학작가가 되길 구체적으로 희망하여 습작을 모은 작품집을 만들었고, 한 친구는 지나간 슬픈 삶의 모양들에 대한 스케치를 짧은 글로 써 모았다. 그 안에는 꽤 돌올한 이야기와 삶을 바라보는 그들만의 문맥이 표현되어 있어서 마치 내 글 안에 기거하듯 그 이야기들을 접했고, 작업해 보낸 후로도 잘 지내는지, 세상을 잘 버텨내는 중인지 가끔 궁금해했다.

개인적으로 글은 불행한 사람이 쓰는 거라던 한 평론가의 말을 미워하면서도 무척 동의한다. 내가 글로 만난 사람들도 다 조금씩은 여리거나 아프거나 세상이 답답한 사람들이었고, 아프고 답답하다고 말하기 위해 글을 썼지만, 때론 그 고통이 글쓰기를 통해 해소되기보다 애석하게 더 강화되기도 한다. 그 점이 걱정될 때도 있다. 그래도 인간이 지닌 수단 중에서는 가장 우리를 널리 해방하는 수단이 글이기를 바라본다.

무언가 견디고 버티기가 힘들어 펜을 잡고 쓰기 시작할 땐, 처음에는 글쓰기가 정서적 측면, 감정의 해소와 마음의 안정에 큰 도움이 되는 듯하다가도 꿈이 된다거나, 글로 해결되는 현실이 없으면 결국 제자리만 맴도는 느낌을 주고, 깊은 글쓰기로 유발되는 진리나 착상들 때문에 오히려 삶이 더 고통스럽게 느껴질 때가 있다. 글을 쓸 때 주어지는 정서적 해갈이 그 자체로 삶의 대안이 되어주지는 않기 때문이다. 그래서 다시 갈증이 나면 또 써야 하고, 또 갈증에서 잠시 해방되는 일의 반복이다. 이렇듯 글쓰기의 꾸준함이 '단발'적인 정서적 해갈에 이르면, 곧 다른 대안을 갈구하게 된다.

사람은 누구나 한 단계 다음에는 그다음 단계를 갈망하게 되어 있다. 글 속에서 직시할수록 또렷해지는 문제들은 우리의 삶이 그런 것처럼 그 자신도 문제에서 해방되길 희망한다. 글을 읽으면 쓰고 싶고 쓰면 책으로 만들어 보고 싶은 것은 바로 이 이유 때문이다. 글들이 나와 우리처럼 해방을 꿈꾸기 때문에.

그래도 나를 포함해 우리는 분명 글을 쓰고 물성을 지닌 책으로까지 만들어 냄으로써 어딘가 변화했을 것이다. 무엇인가를 **변화**시켰을 것이다. 돌이켜 보면 이 안에 담긴 글들 또한 오롯이 내가 쓴 것이 아니고, 그들이 대신 써준 글이다. 그들이 나로 하여 이러한 생각을 하게 만들었고, 이러한 글을 쓰게 했고, 바로 이 글 속에 계속해서 살아 등장하기 때문이다.

* '출판'이란 무엇인가?

1826년 런던, 1829년 보스턴에 설립된 단체 '유용한 지식의 확산을 위한 협회(Society for the Diffusion of Useful Knowledge)'는 대중 교육과 지식 보급, 한마디로 '독학'에 필요한 저작들을 출판하기 위해 만들어졌다. 노동계층과 중산층을 대상으로 질 높은 지식을 접근성을 높여 제공하는 것이 목표였다.

이처럼 출판에는 언제나 '**유용성**'이 전제되어 있어야 한다. '유용성'이란 이용할 가치가 있고, 그 이용을 통해 효능을 발하는 성질이다. 글을 쓴 자신보다는 세상과 사회, 타인에 대한 유용성. 그 유용성이 순간의 감동이든, 다시금 내일을 살아가게 할 힘이든, 업무 기술이든, 사회 문제 제시든, 학술 지식이든 상관없다. 발생시켜야 한다.

*

결국 작가는 계속해서 쓰는 사람이며, 편집자는 글이라는 작가의 도구와 무기를 책이라는 형태에 가장 걸맞게, 가장 유용하게 빚어내는 사람이다. 책에 실린 좋은 글은 이 두 부모 사이에 태어난 아이와 같다.

본문에도 썼지만, 내 일을 잘하기 위해 필요하다고 믿는 세 가지 프로세스는 비단 글쓰기뿐 아니라 좋은 삶의 방식을 관통하는 일관과 무변의 원리이기도 하다.
1. 두려움을 없앨 것, 2. 자신감을 가질 것, 3. 진심일 것.

이 원리에 또 책의 더 앞쪽에서 중히 다룬 인간다움을 빚는 좋은 글의 세 가지 원칙을 윤택한 삶과 사회를 이룩하는 조건으로 추가하려 한다.
1. 마음을 드러낼 것, 2. 미시성을 발견할 것, 3. 1과 2로 세상을 변화시켜 낼 것.

사람들의 글을 다루면서는 '지금 세상에선 이런 일이 일어나는구나', '이런 사람 사는 이야기가 있구나', '내가 몰랐던 곳에서 이 논의들이 진행되고 있구나', '이런 분야나 관점도 사회에 필요하겠구나'를 미리 접해 보아서 좋았다. 글이 쓰임 받고자 하는 곳에 기꺼이 날아가 기거하고, 가장 먼저 듣고 나르는 새로서 세상의 소식을 가까이해서 그것만은 즐거웠다.

반대로 힘들었던 점은, 때로는 공식적인 작업 의뢰를 받기에 앞서 미안하다는 말부터 들었어야 했다는 점이다. 금액에서 양해를 구하는 말들이었다. 그 상황이 문득 낯설지 않던 어느 날, '내가 하는 일은 미안하다는 말부터 들어야 할 정도로 열악한 일이구나'라는 결론을 내리게 됐다. 그때 친구에게 한 말이, "그러면 안 되는데 언젠가부터 이 일이 틀린 일이라는 생각이 들어"였다면, 그건 내가 이 일을 아직 덜 사랑하기 때문일까, 아니면 많이, 잘, 팔릴 책을 아직 못 만들어 봤기 때문일까.

이렇게 마무리 격 원고를 쓰며 돌아보니 내가 글에 대한 내 마음을 느끼고, 알아채고, 동시에 책에 실릴 다양한 실례(實例)를 보강하도록 쓰신 글의 면면을 보여주신 분들께 감사한 마음이 든다.

마음을 표현하고 나누고 싶을 때 사용하는 수단에는 멀리서 평화를 바라거나 사랑한다는 '비물질의 마음'이 있을 테고, 돈이나 선물 같은 형태의 '구체적인 물질'이 있을 테다. 마음을 물질로 나누고 표현하고 싶을 때 선택 가능한 가장 알맞은 매체이자 따뜻한 선물이 바로 책이 아닐까 생각한다. 나의 경우 이렇게 편히 글로만 쓰며 이야기를 늘어놓기보다 살아감에 있어 행동으로 더 단순하고 진솔해지고 싶은데 나날이 그러기가 쉽지 않다. 그래도 책을 통해 마음을 선물하고, 씀으로써 다시 나눌 기회가 생겨 기쁘다.

*

이 책에서 내가 말하는 질 낮은 원고와 출판 프로세스의 일면은 우리나라 출판산업 모두의 실태가 전혀 아니며 내가 겪은 협소하고 작은 세계, 글을 다루겠다며 외따로 둥지를 튼 곳에서 마주한 시시콜콜한 경험들에 가깝다. 단행본도 다루었지만, 필요가 다양한 작은 글 조각, 편린들도 제한 없이 다뤘다. 그건 나의 고통이자 즐거움이기도 했다. 공식적으로 나는 작가를 발굴한다거나 마케팅팀까지 완비돼 굴러가는 기획출판을 경험해 본 바가 없다. 그러니 내가 묘사한 일부 출판의 세계, 출판업의 뒷면이 절대 전체 출판업의 실태인 것처럼 이해되지는 않았으면 좋겠다. 뛰어난 우리나라 독자들의 수준상 그렇지도 않을 거라 믿는다. 출판업계에 훌륭한 편집자, 북디자이너, 작가, 관계자분들이 많음을 알고, 내가 앞으로 이 일을 하지 않더라도 먼 거리에서 거울삼아 배울 것이다.

그분들의 기획과 편집, 제작 실력도 탐나지만, 무엇보다 늘 새롭게 알아가고 싶을 정도로 신기한 이야기, 비책과도 같은 삶의 방편, 깊은 감동과 유용한 지식 등까지 담은 이 세계를 꾸준히 사랑해 온 사람이자 작가들이 쓴 멋진 책이 참 많다. 앞으로도 많을 테다. 그게 늘 아득하고, 설레고, 벅차다.

많은 사람의 원고를 다루어 내면서도 정작 내 글은 쓰지 못하던 시간이 오래 흘렀고, 갑자기 너무 갈증이 일었다. 일단 써보기로 했다. 그리고 어떻게든 새로운 쓰임을 만들기로.

그래서 다시 한번 이 세상에서 나를 버틸 수 없게, 나를 세상 바깥으로 밀어버리기 위해 내게 존재했던 듯한, 지금도 여전히 존재하며 일어나는 무수한 사건들과 무수한 증오들, 슬픔, 연민, 이 모든 것에 빚지고 다시 일어나, 예상치 못한 일들로, 사건들로, 우연히, 아슬아슬하게, 다만 나를 살짝 비껴간 운명들로부터, 일찍이 삶의 기회를 잃어버린 무수한 나의 동지이며, 친구이며, 부모이자, 어른이며, 딸이고, 아들이기도 한 모든, 원 없이 실패하고 다시 살아갈 힘을 내볼 기회라는 충분한 시간을 얻지 못한 생명에게, 내가 앞으로 얼마나 더 쓸지 모를, 그러나 일단 도달한 이 책의 끝자락에서 깊은 위로와 안부를 전하고 싶다.

지금의 나처럼 첫째, 두려움을 없앤다면 용기는 어떤 강도이든, 어떤 분야이든, 발현하는 그 자체로 가치가 된다. 진심이 발화될 기회를 얻어서다. 그 용기 중에서도 오랜 시간 나를 괴롭혀 온 글 쓰는 용기에 관해서는 나의 다음 책인 <이건, 제목이 없는 게 제목이라서>에서 더 자세하게 이야기해 보려 했지만, 이 책을 쓰다 말고 미리 출간하는 오류를 범했다. 지금은 절판했지만, 나중에 다듬어 다시 펴내고 싶다.

■□ 나가는 말 □■

쓰임 있는 곳에
먼저 날아가는 새가 되어

2020년도에 쓰기 시작한 글들은 연재를 멈췄다 2023년도에 다시 몰아 쓰였다. 퇴고는 2024년 말부터 시작했다. 다시 쓰고 다시 고칠 때 처음에는 막막했지만, 한편으로는 그사이에 경험한 것들 덕분에 내용과 생각을 강화할 수 있었다.

원고를 쓰기 시작한 2020년도는 내가 아직 한 권의 책도 펴내지 않았을 때다. 그러다 2021년 11월, 다른 에세이로 첫 책을 냈다. 책을 만들겠다는 구상이자 첫 상상은 너무도 생경해서 매일 쓰면서도 '아무도 읽지 않으면 어떡하지?'라는 두려움이 들었다. 그러나, 중요한 걸

깨달았다.

아무도 읽지 않더라도,

세상에는 아무도 읽지 않을지도 모르는 글을 써 내려가기 위해 긴 밤을 지새우는 사람이 있다는 것.

말했듯 이 책은 태어나 처음으로 '세상에 이런 내용의 말을 붙여 봐야겠다' 착안해 쓴 글로 이루어져 있으며, 연재를 멈췄던 기간에 다른 주제의 에세이 한 권을 펴냈으므로 지금은 안다.

세상에 아무도 읽지 않을 책은 없다는 걸.

연재가 중단된 동안 내 생각은 변화했다. 글에 대한 생각, 출판에 대한 관점, 책에 대한 사랑은 그대로다. 중단된 기간이 무색할 만큼. 물론 주제를 떠올리고 쓰기 시작한 당시에는 출판업계에 새로운 마중물을 만들어 보겠다는 의지가 강했다. 지금은 글과 관련 없는 일을 하고 싶다는 생각과 죽이 되든 밥이 되든 역시 이 일을 해야 할까 사이를 번갈아 호흡하며 거닐고 있다. 조만간 판가름이 날 것 같다.

"'기계 대필자, 기계 창작자, 기계 윤문자….' 인공지능으로 인해 파국으로 치달을, 20:80을 뛰어넘을 1:99의 사회…."

이 책의 어떤 부분은 과도한 디스토피아적 상상에 기대고 있다. 그러나 나는 때론 극한으로 가는 길목에서 우리가 자연스럽게 우리의 중도를 발견할 수 있으리라고 생각했다. 그래서 글의 논조를 바꾸지 않았다. 세계는 양분되고 있다. 세상의 절반이 뒤늦도록 바뀌지 않는다면, 책을 아끼는 우리들이 중간에서 지지대이자 주춧돌, 버팀목이 되면 된다는 생각으로 책을 읽을 사람들의 상상력을 더 자극하고 싶었다. 그래서 책의 뿌리를 그렇게 잡았다. 한편으로는 여전히 나의 예시가 극단에 닿아 있다고는 생각하지 않는다.

나는 90년생으로 30대 초반부터는 나를 포괄하는 세대가 '풍요의 마지막 세대'일 거라는 나름의 규정을 내리곤 예감하며 살아왔다. 그러나 나는 결코 풍요의 '마지막 세대'가 되길 원하지 않으며, 풍요를 독식한 마지막 세대가 되기도 원하지 않는다. 나는 이 풍요나마 있다면, 계속해서 나의 후대로 이어지기를 희망한다. 세상이 기울어 가는 길목에서 글을 아름답게 여기고 대하는 세밀하고 세세한 일이 세상을 살리는 실체적인 구원이 되기를 간절히 바란다.

여기서 나는 나의 직업적 경험과 글에 대한 개인적인 이야기들을 넘어 책의 주제를 통해 세상에 무엇인가를 더 제대로 창안해 낼 수 있을지에 대한 질문을 던져야 했다. 더 넓은 그릇이 되어야 했지만 그렇지 못했다. 내 손을 떠난 후 독자 각자의 손에서 빚어질 그릇의 형태와 크기가 어떨진 잘 모르겠지만, 이런 소회를 쓸 때면 늘 내가 내 글에 진심이듯이, 다른 이의 글도 더 지극히 여기고 타인의 마음을 더 존중하자고 다짐한다.

내게 지금의 출판창업과 창작, 편집과 제작이 가능했던 이유는 운명을 믿지 않는 것과도 연관이 있다. 자존심 때문에라도 나는 운명을 믿지 않는다. 만약 운명을 믿었다면 한 가지 일을 하더라도 더 절실히 연원을 찾고, 열혈로 기획했을 것이다. 그래야 운명이 조금 더 내가 원하는 방식으로, 정해졌으므로 더욱 적합한 시점에 다가올 테고, 나 또한 그러한 속성의 운명을 더 의식하며 의지해 살 테니까.

그러나, 운명을 믿지 않기에 반대로 세상의 어떤 것이든 나름의 운명을 지니리라 생각하는 것이 나의 관점이다. 출판사 이름도 그렇게 지었다. 삶은 무대 위 도구처럼 필요에 의해 정해진 자리에서 기능하고 휘발하는 것이지만, 각자가 작은 삶의 도구로 불필요한 사람 없이 이 땅에서 적재적소의 쓰임을 지니기를 희망했다. 열심히는 살되, 어디까지나 흐르는 대로.

걱정 없이 살자거나 심드렁하고 무관심한 태도가 아니라, 우리가 이 세상에서 사라진 후, 우리의 쓰임이 다한 후의 땅의 평온에 대해서도 염려하는 것이다. 여태 지구에서 살아왔고, 앞으로 태어나 살아갈 모든 인간의 운명은 하나니까. 자연과 생물, 이상도 이하도 아니니까. 고로 어떤 행위와 결과들에 **이미** 정해진 운명이 있으리라고 생각하지 않는 나는, 아니 모두의 운명이 **이미** 정해져 동일하다고 생각하는 나는, 아무것도 모르므로 그냥 살 뿐이다.

열심히, 자책하며. 때론 그 격차가 무척 크다.

책을 준비하며 힘들고 고통스러웠던 부분은, 이젠 다 잊고자 한다. 한 가지 바람은, 좋은 책이 되도록 노력한 만큼 많은 사람에게 가 닿기를 바란다.

책 역시 한 명의 인간처럼, 일단 태어나면 이후 삶을 이어가는 것은 전적으로 그의 몫이다. 부모라면 자식을 사랑한다지만, 모든 일의 총합이 그렇듯 100% 일반론에 부합하거나 통하는 세계는 어디에도 없으며, 세계의 어디선가 고통은 피어나며, 아이가 어떤 사람이 되길 바라지만, 치밀하게 계획하고 길을 꾸며준다고 해서 애초에 그렇게 낳을 수도, 완벽히 원하는 방향으로 가도록 기를 수도 없다. 모든 것은 각 생명이 지닌 본능에 의해 이루어지고 간섭받는다.

그리고, 그것은 아무것도 아니다.

그러나, 각기 개연 없는 우연이 만나고, 쌓이면, 그 안의 무언가는 꼭 운명이 될지도 모른다.